中国式现代化与共同富裕

艾四林访谈录

艾四林 等〇著

中国出版集团有限公司
研究出版社

2022年9月20日，接受央视《新闻联播》记者采访

2021年12月27日，做客央视《焦点访谈》节目

2022年10月18日，做客央视《今日关注》节目

2021年11月7日，担任央视《戏曲青年说》节目嘉宾

目录

1 中国式现代化是一条现代化新路^①

2021年7月1日，习近平总书记在庆祝中国共产党成立100周年大会上明确指出："我们坚持和发展中国特色社会主义，推动物质文明、政治文明、精神文明、社会文明、生态文明协调发展，创造了中国式现代化新道路，创造了人类文明新形态。"^②中国式现代化迅速成为学术界和社会讨论的热点问题。为了全面深入地理解中国式现代化，我们专访了清华大学马克思主义学院院长艾四林教授。

一、中国式现代化与人类文明新形态

记　者：艾教授，您好！非常感谢您接受我们的专访！中国式现代化引起了学术界的热议，您围绕该主题发表了一系列文章，提出了一些新的观点，您能谈谈应该如何理解中国式现

---

① 《马克思主义研究》2022年第1期，访谈记者刘曙辉。
② 习近平：《在庆祝中国共产党成立100周年大会上的讲话》，人民出版社2021年版，第13—14页。

代化吗?

艾四林: 好的。现代化是世界历史的发展方向,实现现代化是世界人民的共同向往,如何实现现代化是一个重要的理论和实践课题。首先我们会问,现代化道路何以成为问题。在过去很长一段时间,现代化道路不是问题。一提现代化道路,人们想到的就是西方的现代化道路,非西方国家没有成功实现现代化的。这很容易让人们在头脑中形成一个认识:现代化道路就是西方道路,现代社会就是西方社会,现代文明就是资本主义文明。但是,在今天,现代化道路成了一个问题,而且是一个真问题。这有两方面的原因:一方面,西方现代化道路出现了严重的问题,其他国家在学习西方现代化道路的过程中也出现了各种各样的困境;另一方面,中国现代化建设取得了巨大的成功。这自然就会引发人们的反思。也就是说,这是从实践中发展出来的问题,而不是来自思想理论的推导。

今天,我们再来讨论现代化道路问题,讨论的对象是我们党团结带领中国人民创造的中国式现代化和人类文明新形态。中国式现代化,主要是指不同于西方的现代化道路;人类文明新形态不同于建立在资本逻辑之上的现代西方文明形态。社会主义成为与资本主义并存的现代文明,这是非常了不起的。因此,今天在讨论现代化道路这个话题时,我们的心态发生了根本的变化。过去,一些学者对西方现代化道路是一种仰视；今天，随着中国式现代化的成功开辟，随着我国越来越接近实现现代化、实现中华民族伟大复兴这个目标，随着中国越来越走近世界舞台中央，在这样一个大背景下，当我们再来讨论现代化道路，心态就完全不一样了，可以以平视的视角、包容的心态来看待、对待西方现代化道路。我们能够更加客观科学地看待中国现代化道路、西方现代化道路，更加明确中国式现代化在何种意义上可以上升为新道路、形成人类文明新形态。

记　者：请您具体谈谈中国式现代化在何种意义上可以上升为新道路、形成人类文明新形态。

艾四林：这个问题涉及中国式现代化与西方现代化的关系问题。当今世界从根本上来讲是一球两制，即资本主义制度和社会主义制度并存。起初，马克思恩格斯所设想的资本主义制度和社会主义制度是一个历时态的关系。在《共产党宣言》中，马克思恩格斯提出"两个必然"理论，即资本主义必然灭亡、社会主义必然胜利。但是，当今世界面临的却是资本主义制度与社会主义制度共时态存在的状况。资本主义国家的现代化是原发的现代化，我们是要在经济文化相对落后的社会主义国家实现现代化，是后发的现代化。这样，共时态存在和历时态存在就交织在一起。在这种复杂情况下，我们要搞中国式现代化，如何对待西方现代化的问题是绕不过去的。

世界上没有两片完全相同的叶子，这指的是个性、特殊性；背后隐含的逻辑是世界上没有两片完全不同的叶子，这指的是共性、普遍性。具体到现代化道路问题，现代化道路有个性、特殊性的方面，但一定也有共性、普遍性的方面，不能因为强调个性把自己变成唯一性，这是现代化道路个性与共性的关系问题。现代化道路涉及现代性的问题。现代化是现代性的打开，现代性是工具理性、价值理性的展开。现代化有共性，比如城市化、工业化等，这是技术的问题。但中国式现代化在价值理性上完全不同于西方现代化。西方现代化的社会是少数人富裕的社会，造成了单向度的人，导致了无产阶级和资产阶级的对立、社会的撕裂，是一个不和谐的社会。西方现代化模式遵循主客二分、二元对立的思维模式，带来了人与自然的对立以及对自然的破坏。在这些问题上，西方现代化道路遇到了很大的障碍，因此导致了自然主义、后现代主义等思潮兴起。

我们不能走这样的道路。作为后发现代化国家，我们必须解决这些问题，必须在积极学习借鉴人类文明的一切有益成果包括西方现代化经验教训基础上超越西方现代化道路，创造更高的人类文明新形态。中国现代化在借鉴西方工具理性的基础上，要实现的是全体人民共同富裕的现代化，是物质文明和精神文明相协调的现代化，是人与自然和谐共生的现代化，是走和平发展道路的现代化。因此，我们的现代化站在更高的价值理性之上，站在更高的道义立场之上。

二、全面建成小康社会是中国式现代化进程中的重要里程碑

记　者： 在庆祝中国共产党成立100周年大会上，习近平总书记代表党和人民庄严宣告，经过全党全国各族人民持续奋斗，我们实现了第一个百年奋斗目标，在中华大地上全面建成了小康社会，历史性地解决了绝对贫困问题。首先请您谈谈全面建成小康社会与中国式现代化的关系。

艾四林： "民亦劳止，汔可小康。""小康"植根于中华民族数千年的历史之中，承载着中国人民孜孜以求的"千年梦想"。经过中国共产党人的创造性转化，它已经成为中国式现代化的一个奋斗目标。把小康作为社会主义现代化进程的阶段性目标，体现了实事求是的科学精神。

理想必须立足现实。新中国成立后，以毛泽东同志为核心的党的第一代中央领导集体提出了把我国建设成为一个现代化社会主义强国的奋斗目标，同时把在20世纪内实现"四个现代化"确立为党的战略目标。改革开放初期，邓小平首次用"小康"来诠释中国式现代化目标，提出到20世纪末"在中国建立一个小康社会"的奋斗目标，这是符合中国经济社会发展实际的。几十年来，从"解决温饱"到"小康水平"，从"总体小康"到"全面小康"，从"全面建设"到"全面建成"，

小康社会的内涵不断丰富和发展。1995年提前完成了原定2000年要实现的国民生产总值比1980年"翻两番"的目标，提前实现了由温饱到总体小康的历史性跨越。1997年，党的十五大提出"进入和建设小康社会"。2002年，党的十六大提出要全面建设惠及十几亿人口的更高水平的小康社会。2012年党的十八大明确提出"全面建成小康社会"。这些都是基于我国生产力发展的实际情况对小康社会建设提出的更高标准、更新要求。这种变化反映了社会主义现代化阶段性与连续性的统一，是变和不变的统一。小康社会的具体指标、具体表述可以变，时间表、路线图也会有新表述，但社会主义初级阶段基本国情的立足点没有变，建设社会主义现代化国家的目标没有变。

记　者：您能谈谈全面建成小康社会对中国式现代化的意义吗？

艾四林：消除绝对贫困，全面建成小康社会，这并不意味着已经实现了共同富裕，但无疑是朝着共同富裕迈出了重要一步，在中国式现代化进程中具有重要的里程碑意义。

一是为全面建成社会主义现代化强国的第二个百年奋斗目标奠定了坚实基础。实现社会主义现代化和中华民族伟大复兴是一场接力跑，全面建成小康社会这一棒跑好了，第二个百年奋斗目标才能顺利起步，才能最终建成社会主义现代化强国。2020年国内生产总值和城乡居民人均收入比2010年翻一番，中国的综合国力迈上一个新台阶，这就为实现第二个百年奋斗目标奠定了更坚实的基础，也极大提升了建设社会主义现代化强国的能力。

二是极大地增强了全面建成社会主义现代化强国的信心。全面建成小康社会，意味着中国式现代化的成功。如期全面建成惠及十几亿人口的小康社会，人民群众的获得感、幸福感、安全感得到切实提高，这会极大调动人民群众的积极性、主动性、创造性，激发和汇聚全面建设社会主义现代化国家、实现中华民族伟大复兴中国梦的磅礴力量。不仅如此，如期全面建成小康社会，还会进一步彰显社会主义制度的优越性，显著提高我国的国际地位和影响力，为全面建设社会主义现代化国家、实现中华民族伟大复兴创造更好的国际环境。

三是开启了全面建成社会主义现代化强国的新征程。全面建成小康社会既承接历史，又连接未来，具有继往开来的意义。全面建成小康社会的目标要求，与第二个百年奋斗目标、实现中华民族伟大复兴的目标要求是相衔接的，没有全面小康的实现，第二个百年奋斗目标的实现、中华民族伟大复兴就无从谈起。全面建成小康社会不是终点，而是迈向全面建成社会主义现代化强国的起点，自此我国社会主义现代化建设站在了新的历史起点上。

三、共同富裕是中国式现代化的显著特征

记　者: 西方现代化实现的是少数人的富裕,中国式现代化要实现的是全体人民的共同富裕,那么我们是否可以把共同富裕看作中国式现代化的重要特征呢?

艾四林: 可以。富裕是各国现代化追求的目标,但社会主义现代化追求的不是一般意义上的富裕,而是共同富裕。共同富裕是社会主义的本质,是社会主义现代化的显著特征。邓小平指出:"社会主义的特点不是穷,而是富,但这种富是人民共同富裕。"[1]习近平总书记指出:"我们追求的发展是造福人民的发展,我们追求的富裕是全体人民共同富裕。"[2]邓小平强调:"社会主义的目的就是要全国人民共同富裕,不是两极分化。如果我们的政策导致两极分化,我们就失败了"[3]。习近平总书记也多次强调,中国绝不能出现"富者累巨万,而贫者食糟糠"[4]的现象。因此,两极分化和社会主义现代化是不相容的。共同富裕是社会主义现代化的题中应有之义,中国式现代化是全体人民共同富裕的现代化。

记　者: 那么,共同富裕是中国式现代化的必然逻辑吗?

艾四林: 是的。治国之道,富民为始。共同富裕是中国人

---

① 《邓小平文选》第3卷,人民出版社1993年版,第265页。
② 《习近平关于社会主义社会建设论述摘编》,中央文献出版社2017年版,第35页。
③ 《邓小平文选》第3卷,人民出版社1993年版,第110—111页。
④ 《习近平关于社会主义社会建设论述摘编》,中央文献出版社2017年版,第36页。

民自古以来的理想追求，也是社会主义的本质要求。在生产力水平低下、剥削阶级占统治地位的制度下，共同富裕不过是遥不可及的美好梦想。当人类社会进入生产力高度发展的资本主义社会，物质空前丰富，正如马克思恩格斯在《共产党宣言》中指出的："资产阶级在它的不到一百年的阶级统治中所创造的生产力，比过去一切世代创造的全部生产力还要多，还要大。"①但共同富裕并没有降临人间，"在一极是财富的积累，同时在另一极，即在把自己的产品作为资本来生产的阶级方面，是贫困、劳动折磨、受奴役、无知、粗野和道德堕落的积累"②。资产阶级是社会财富的主要拥有者。造成这种两极分化、无产阶级贫困的根源，就在于资本主义制度本身。当今西方国家虽然物质丰富了，但是两极分化依然严重，并没有随着经济的发展自然地得到解决，也无法通过慈善得到实现。在揭露、批判资本主义制度弊端的基础上，马克思恩格斯指出："无产阶级的运动是绝大多数人的，为绝大多数人谋利益的独立的运动。"在未来社会，"生产将以所有的人富裕为目的"③。可以说，共同富裕构成了马克思恩格斯未来社会的重要特征。在未来的共产主义社会，社会生产力高度发达，社会产品极大丰富，彻底消灭了阶级、剥削、压迫，全人类过

---

① 《马克思恩格斯选集》第1卷，人民出版社2012年版，第405页。
② 《马克思恩格斯选集》第3卷，人民出版社2012年版，第806页。
③ 《马克思恩格斯全集》第46卷（下），人民出版社1980年版，第222页。

上了美好幸福生活。正是在这个意义上，邓小平提出社会主义的本质是"解放生产力，发展生产力，消灭剥削，消除两极分化，最终达到共同富裕"①。

20世纪80年代，邓小平首先正式提出"共同富裕"概念，随着实践的发展，共同富裕的内涵越来越丰富。党的十九届五中全会强调，要"扎实推动共同富裕"；在描绘2035年基本实现社会主义现代化远景目标时，明确提出"全体人民共同富裕取得更为明显的实质性进展"。共同富裕体现了我国现代化的社会主义性质。

实现共同富裕，使我国现代化站在了道义制高点上，超越了西方现代化的工具理性逻辑，提供了新的现代化价值。

记　者：近来关于共同富裕存在一些争论，您能从中国式现代化的角度谈谈如何理解共同富裕的内涵吗？

艾四林：首先，共同富裕不是少数人的富裕，是全民富裕。2021年2月20日，习近平总书记在党史学习教育动员大会上指出，历史充分证明，江山就是人民，人民就是江山，人心向背关系党的生死存亡。邓小平指出："我们要的是共同富裕，这样社会就稳定了。社会稳定，才能发展经济。"②习近平总书记强调："物质丰富了，但发展极不平衡，贫富悬殊很大，

① 《邓小平文选》第3卷，人民出版社1993年版，第373页。
② 《邓小平年谱（1975—1997）》（下），中央文献出版社2004年版，第1312页。

社会不公平，两极分化了，能得人心吗？"[1]因此，"实现共同富裕不仅是经济问题，而且是关系党的执政基础的重大政治问题"[2]。这意味着共同富裕涵盖的是全体人民，不是少数人的富裕，不是某个地区的富裕，不是某个利益集团的富裕。过去允许一部分人、一部分地区先富起来，但我们始终没有忘记，我们的目标是实现全体人民的共同富裕。"中国共产党始终代表最广大人民根本利益，与人民休戚与共、生死相依，没有任何自己特殊的利益，从来不代表任何利益集团、任何权势团体、任何特权阶层的利益。"[3]贫穷不是社会主义，两极分化也不是社会主义，在社会主义中国，我们追求的富裕是全体人民共同富裕。共同富裕路上，一个也不能掉队。

其次，共同富裕不是平均主义，是差别富裕。共同富裕，是全体人民通过辛勤劳动和相互帮助，普遍达到物质上丰衣足食、精神上自信自强、环境宜居宜业、社会和谐和睦、公共服务普及普惠，实现人的全面发展和社会全面进步，共享改革发展成果和幸福美好生活。共同富裕是消除贫穷和两极分化基础上的普遍富裕，但不是同等富裕，更不是传统意义上的"均贫富"。我国正处于并将长期处于社会主义初级阶段，消

① 《习近平关于社会主义社会建设论述摘编》，中央文献出版社2017年版，第32页。
② 《深入学习坚决贯彻党的十九届五中全会精神 确保全面建设社会主义现代化国家开好局》，《人民日报》2021年1月12日。
③ 习近平：《在庆祝中国共产党成立100周年大会上的讲话》，人民出版社2021年版，第11—12页。

除了绝对贫困，但相对贫困在一定时期还会存在，即便基本实现共同富裕，富裕的程度仍会有差异。我们不能做超越阶段的事情，不搞牺牲效率的平均主义，避免陷入"福利陷阱"。

最后，共同富裕不是整齐划一，不是同步富裕，是逐步富裕。中国是一个大国，解决发展不平衡不充分问题，解决地区差距、城乡差距、收入差距等问题，不可能一蹴而就，共同富裕必须分阶段推进。从国家层面来讲，共同富裕是从低层级到高层级的逐步富裕，因此我们党作出了分阶段推进共同富裕的战略安排。从2020年到2035年，基本实现社会主义现代化，全体人民共同富裕迈出坚实步伐；从2035年到21世纪中叶，建成富强民主文明和谐美丽的社会主义现代化强国，全体人民共同富裕基本实现。从个体层面来讲，共同富裕是从部分到整体的过程富裕，既要允许一部分人先富起来，更要鼓励先富带后富、帮后富。

记　者：从中国式现代化的角度看，共同富裕是否也包含精神富裕呢？

艾四林：谈到富裕，我们首先想到的自然是物质富裕。实际上，仅有物质富裕，无论是对一个社会还是对一个个体来说，都是不够的。马克思恩格斯曾经深刻地揭示了资本主义制度下无产阶级的物质贫困和精神贫困，并提出代替那存在着阶级和阶级对立的资产阶级旧社会的未来的共产主义社会，是人的自由全面发展的理想社会。因此，我们的共同富裕是全面富裕，是人民群众物质生活和精神生活都富裕，其目标归根到底就是实现人的全面发展和社会全面进步。物质贫穷不是社会主义，精神贫穷也不是社会主义。我们党历来重视物质文明和精神文明协调发展，强调要两手抓、两手都要硬。党的十八大以来，习近平总书记强调，"既要富口袋，也要富脑袋"①。站在新征程上，我们党明确宣示，中国式现代化是物质文明和精神文明相协调的现代化。高度的物质文明和高度的精神文明，既是我国现代化的目标，也是共同富裕的重要内容。

"仓廪实而知礼节，衣食足而知荣辱。"随着全面建成小康社会，人民物质生活需要日益广泛，精神文化需要日益增长，不仅更多了，而且更高了。因此，我们迫切需要大力加强精神文明建设，不断满足人民的精神文化需要。

四、中国式现代化的根本在于中国共产党的坚强领导

记　者：站在"两个一百年"奋斗目标的历史交汇点上，回首过去，展望未来，您认为中国式现代化取得成功的关键是什么？

艾四林：习近平总书记强调："中华民族近代以来180多

---

① 《十八大以来重要文献选编》（下），中央文献出版社2018年版，第50页。

年的历史、中国共产党成立以来100年的历史、中华人民共和国成立以来70多年的历史都充分证明，没有中国共产党，就没有新中国，就没有中华民族伟大复兴。"[1]为中国人民谋幸福、为中华民族谋复兴是中国共产党人的初心使命。因此，中国式现代化的根本就在于中国共产党的坚强领导。正是因为有了中国共产党的坚强领导，我们中国人民、中华民族有了主心骨，我们就有了强大的凝聚力、向心力、战斗力，这才能确保中华民族伟大复兴这条航船不偏航，能够乘风破浪，直达胜利的彼岸。

中国的现代化是中国共产党百年追求的历史宏愿。1840年鸦片战争的失败从某种意义上说是因为被世界现代化的列车甩在了后面。如何实现现代化关系到中华民族伟大复兴。为了实现中华民族伟大复兴，中国共产党团结带领中国人民，浴血奋战、百折不挠，取得了新民主主义革命的伟大胜利，这为中国的现代化创造了根本社会条件。在党的七大上，毛泽东指出："中国工人阶级的任务，不但是为着建立新民主主义的国家而斗争，而且是为着中国的工业化和农业近代化而斗争。"[2]1954年，周恩来指出："如果我们不建设起强大的现代化的工业、现代化的农业、现代化的交通运输业和现代化

---

[1] 习近平：《在庆祝中国共产党成立100周年大会上的讲话》，人民出版社2021年版，第10—11页。

[2] 《毛泽东选集》第3卷，人民出版社1991年版，第1081页。

的国防，我们就不能摆脱落后和贫困，我们的革命就不能达到目的。"①改革开放之初，邓小平对我国现代化建设作出战略安排，提出"三步走"战略构想，即到20世纪80年代末解决人民温饱问题，到20世纪末使人民生活达到小康水平，到21世纪中叶基本实现现代化。党的十八大正式提出"在中国共产党成立一百年时全面建成小康社会""在新中国成立一百年时建成富强民主文明和谐的社会主义现代化国家"的"两个一百年"奋斗目标。党的十九大提出分两步走在21世纪中叶建成社会主义现代化强国的战略安排。在2020年全面建成小康社会、实现第一个百年奋斗目标的基础上，再奋斗15年，在2035年基本实现社会主义现代化。从2035年到21世纪中叶，在基本实现现代化的基础上，再奋斗15年，把我国建成富强民主文明和谐美丽的社会主义现代化强国。我们建设中国现代化之所以取得了巨大成功，根本在于中国共产党的坚强领导。正如习近平总书记所强调的："中国共产党领导是中国特色社会主义最本质的特征，是中国特色社会主义制度的最大优势，是党和国家的根本所在、命脉所在，是全国各族人民的利益所系、命运所系。"②

记　者：正如您所讲的，中国共产党以实现现代化为始终

---

① 《周恩来选集》（下），人民出版社1984年版，第132页。
② 习近平：《在庆祝中国共产党成立100周年大会上的讲话》，人民出版社2021年版，第11页。

不渝的奋斗目标，但是我们党从中国的现代化到中国式现代化的认识是不是也有一个历史过程？

艾四林：是的。改革开放之初，邓小平指出，我们的现代化概念与西方不同。"我们要实现的四个现代化，是中国式的四个现代化。"[①]"小康"是"四个现代化的最低目标"[②]，为实现这个目标，我们党提出"三步走"发展战略。这个论断在当时具有非常重大的意义，因为它明确指出，中国的现代化是小康社会，从小康社会做起，先解决温饱问题，逐步达到小康。这是中国式现代化的第一步，是从生产力发展水平作出的正确判断。这个论断让我们头脑更冷静，避免了好高骛远和急躁冒进。据此我们才能明确任务，正确认识到社会的主要矛盾是人民日益增长的物质文化需要与落后的社会生产之间的矛盾。我们确立了党在社会主义初级阶段的基本路线，坚定不移推进改革开放，战胜来自各方面的风险挑战，开创、坚持、捍卫、发展了中国特色社会主义，实现了从高度集中的计划经济体制到充满活力的社会主义市场经济体制的历史性转变，实现了从生产力相对落后的状况到经济总量跃居世界第二的历史性突破，实现了人民生活从温饱不足到总体小康再到全面小康的历史性跨越。可以说，中国大踏步赶上了时代！

---

① 《邓小平文选》第2卷，人民出版社1994年版，第237页。
② 《邓小平文选》第3卷，人民出版社1993年版，第64页。

党的十八大以来，中国特色社会主义进入新时代，我们坚持和加强党的全面领导，统筹推进"五位一体"总体布局，协调推进"四个全面"战略布局，坚持和完善中国特色社会主义制度、推进国家治理体系和治理能力现代化，实现了第一个百年奋斗目标，中华民族迎来了从站起来、富起来到强起来的伟大飞跃。对于这一关键的历史时刻，习近平总书记指出，我们坚持和发展中国特色社会主义，创造了中国式现代化，创造了人类文明新形态。

五、中国式现代化的世界历史意义

记　者：请您谈谈中国共产党领导人民创造的中国式现代化对中国和世界具有什么样的意义。

艾四林：中国式现代化的开创增强了中国人的志气、骨气、底气。无论是从5000多年的中华文明史，还是从180多年的中国近代史来看，我们在中华大地上全面建成了小康社会，历史性地解决了绝对贫困问题，实现了中国老百姓孜孜以求的"千年梦想"。

无论是从500多年的世界社会主义史，还是从100多年的中国共产党历史来看，我们在占世界五分之一人口的社会主义国家创造了中国式现代化，深刻影响着世界现代化的进程，中国式现代化具有世界历史意义。

记　者：您能就这一点具体展开谈谈吗？

艾四林：首先，中国式现代化丰富了发展中国家走向现代化的途径。现代化是一个世界性的潮流，实现现代化是各国人民的共同向往。在反对封建主义的斗争中，西方资本主义逐步发展起来，一些西方国家率先迈入现代化国家。长期以来，西方国家自视为或被视为现代国家、现代社会的典范，其他国家走向现代化的唯一途径似乎就是接受西方现代化模式。中国式现代化超越了西方现代化，很好地处理了现代化的共性与个性、普遍性与特殊性之间的关系，拓展了实现现代化的途径。"一个和平发展的世界应该承载不同形态的文明，必须兼容走向现代化的多样道路。"①中国式现代化，是世界上最大发展中国家的现代化，意味着比现在所有发达国家人口总和还要多的中国人民将进入现代化行列，从而将彻底改写现代化的世界版图，这给世界上发展中国家独立自主走向现代化提供了全新选择。习近平总书记指出："现代化道路并没有固定模式，适合自己的才是最好的，不能削足适履。每个国家自主探索符合本国国情的现代化道路的努力都应该受到尊重。中国共产党愿同各国政党交流互鉴现代化建设经验，共同丰富走向现代化的路径，更好为本国人民和世界各

---

① 《习近平出席第七十六届联合国大会一般性辩论并发表重要讲话》，《人民日报》2021年9月22日。

国人民谋幸福。"①中国式现代化为广大发展中国家走向现代化贡献了中国智慧、中国方案。

其次，中国式现代化极大地推进了世界社会主义事业的发展。在世界社会主义500多年的发展史上，从空想社会主义发展到马克思恩格斯的科学社会主义，这时还是停留在理论的层面。巴黎公社虽然是人类历史上第一次无产阶级政权的伟大尝试，但是很短暂。真正把社会主义变成现实的是俄国十月革命，这是一个伟大的历史事件。但是社会主义的发展充满着曲折。苏联解体、东欧剧变，世界社会主义事业遭受了重大的挫折。中国共产党领导中国人民始终坚持和发展中国特色社会主义道路，消灭了绝对贫困，全面建成了小康社会，开创了中国式现代化，这充分证明社会主义制度的巨大优越性，使科学社会主义在21世纪焕发出强大的生机活力，从而极大地推进了世界社会主义事业的发展。

再次，中国式现代化为经济全球化提供了中国方案。经济全球化是现代化的内在逻辑和必然产物。经济全球化随着资本主义的发展不断加速和深化，但今天以资本为逻辑的经济全球化陷入了困境，经济全球化面临再出发的局面。以美国为首的西方现代化国家不是不要经济全球化，而是要把中国排除在经济全球化之外，这就需要我们提供有中国立场、

---

① 习近平：《加强政党合作 共谋人民幸福——在中国共产党与世界政党领导人峰会上的主旨讲话》，《人民日报》2021年7月7日。

中国智慧的经济全球化方案。今天，人类需要现代化，必然会面临在经济全球化中发展自身的问题。全球变暖、核扩散等全球问题，不能只基于利益和价值观的考量，新的经济全球化需要新的理念的支撑。习近平总书记提出经济全球化的核心理念是构建人类命运共同体，为我们解决全球重大的风险、重大的问题提供了底线，具有更高的道义价值和更大的现实意义。我们必须具备这样的底线思维，从底线来考虑人类的未来。也只有基于人类命运共同体，中国式现代化中提出的和平、发展、公平、正义、民主、自由价值才能成为全人类共同价值，才能为经济全球化走出困境、再出发提供新的方案。

最后，中国式现代化为解决世界贫困问题贡献了中国经验、中国智慧。我国是世界上减贫人口最多的国家，也是世界上率先完成联合国千年发展目标的国家，为世界减贫事业作出了重大贡献，为发展中国家摆脱贫困提供了可资借鉴的中国经验，为世界解决贫困问题贡献了中国智慧。

第二次世界大战以来，消除贫困一直是广大发展中国家面临的重要任务。习近平总书记指出，改革开放以来，中国人民积极探索、顽强奋斗，走出了一条具有中国特色的减贫道路：坚持党对扶贫开发工作的领导，发挥政治优势；坚持改革开放，保持经济快速增长；坚持政府主导，把扶贫开发纳入国家总体发展战略；坚持开发式扶贫，把发展作为解决贫困的根本途径；坚持动员全社会参与，发挥制度优势；坚持普惠政策和特惠政策相结合等。这些成功经验可以为其他发展中国家提供有益借鉴。

消除贫困依然是当今世界面临的最大全球性挑战，是国际社会面对的重大理论和实践难题。西方现代化国家虽然物质丰富了，但贫困问题并没有随着经济的发展得到解决，也不可能通过慈善来实现。中国把消除贫困问题上升到制度层面，把消除贫困、改善民生作为社会主义的本质特征。这和西方不一样。习近平总书记关于我国社会主义初级阶段脱贫攻坚问题的重要论述是重大的理论创新，是我们党反贫困理论的最新成果，开辟了马克思主义反贫困理论的新境界，是习近平新时代中国特色社会主义思想的重要内容。

习近平总书记强调："消除贫困，自古以来就是人类梦寐以求的理想，是各国人民追求幸福生活的基本权利。"[①]消除贫困以及衍生出来的饥饿、疾病、社会冲突等，实现人人充分享有人权、免于匮乏、获得发展、享有尊严的光明前景，是全人类的共同使命和共同奋斗目标。习近平总书记作为负责任的大国领袖，以其强烈的世界意识和人类情怀，提出共建没有贫困、共同发展的人类命运共同体。习近平总书记强调，要共建人类命运共同体，就得攥紧发展这把钥匙，坚持各国

---

① 《十八大以来重要文献选编》（中），人民出版社2016年版，第717页。

一起发展,着力改善国际发展环境,推动包容和可持续发展。这些论述丰富了人类命运共同体的内涵,为世界解决贫困问题贡献了具有中国立场、中国价值的中国智慧,深化了对人类社会发展规律的认识。

六、中国式现代化的方法论启示

记　者:最后,您能谈谈中国式现代化对我们有什么样的方法论启示吗?

艾四林:习近平总书记指出:"当代中国的伟大社会变革,不是简单延续我国历史文化的母版,不是简单套用马克思主义经典作家设想的模板,不是其他国家社会主义实践的再版,也不是国外现代化发展的翻版,不可能找到现成的教科书。"[①]这段话是观察当今中国发展的基本方法论。

"不是简单延续我国历史文化的母版",为我们正确处理当今中国的发展和中国传统文化的关系指明了方向。虽然我们强调中华优秀传统文化是中华民族的血脉,是我们的根和魂,但不是简单地延续中国历史文化,而是要努力实现中华优秀传统文化的创造性转化、创新性发展,这样中华优秀传统文化才能成为推进改革开放和社会主义现代化事业的强大精神动力和文化支持。

---

① 习近平:《在哲学社会科学工作座谈会上的讲话》,人民出版社2016年版,第21页。

　　"不是简单套用马克思主义经典作家设想的模板"，指明了当今中国的发展和马克思主义经典作家思想之间的关系。今天我们能取得现代化的伟大成就，根本原因就在于："中国共产党坚持马克思主义基本原理，坚持实事求是，从中国实际出发，洞察时代大势，把握历史主动，进行艰辛探索，不断推进马克思主义中国化时代化，指导中国人民不断推进伟大社会革命。"①我们在理论和实践中不断发展和创新马克思主义，习近平新时代中国特色社会主义思想是当代中国马克思主义、21世纪马克思主义，对新时代党和国家事业发展、对推进中华民族伟大复兴历史进程具有决定性意义。

　　"不是其他国家社会主义实践的再版"，指明了当今中国的发展与其他社会主义国家实践的关系。我们曾经以苏为师，但是经历了挫折，逐渐意识到必须以苏为鉴。我们不是再版其他国家的社会主义建设，而恰恰是要深刻吸取苏联东欧社会主义国家建设的经验教训，走自己的路。

　　"不是国外现代化发展的翻版"，指明了当今中国的发展与国外现代化国家的关系。在经济文化落后的国家建设社会主义，一个紧迫和首要的任务，是实现现代化。西方现代化的一些成功经验可以借鉴，但由于历史文化和国情的不同，决不可简单复制、照抄照搬。毛泽东指出，"资本主义道路，也可

---

① 习近平：《在庆祝中国共产党成立100周年大会上的讲话》，人民出版社2021年版，第12—13页。

增产,但时间要长,而且是痛苦的道路。我们不搞资本主义,这是定了的"。[1]改革开放初期,邓小平指出,"世界上的问题不可能都用一个模式解决"[2],"要求全世界所有国家都照搬美、英、法的模式是办不到的"[3],"如果十亿人的中国走资本主义道路,对世界是个灾难,是把历史拉向后退,要倒退好多年"[4]。因此,中国要走"中国式的现代化道路"。

中国式现代化超越了现代化的西方价值逻辑,提供了新的现代化价值,体现了中国现代化的自主性、创新性,丰富了人类现代化的内涵,引领着世界现代化的新方向。

---

[1] 《毛泽东文集》第6卷,人民出版社1999年版,第299页。
[2] 《邓小平文选》第3卷,人民出版社1993年版,第261页。
[3] 《邓小平文选》第3卷,人民出版社1993年版,第359—360页。
[4] 《邓小平文选》第3卷,人民出版社1993年版,第158页。

2 如何深入理解中国式现代化①

在庆祝中国共产党成立100周年大会上的讲话中，习近平总书记指出："我们坚持和发展中国特色社会主义，推动物质文明、政治文明、精神文明、社会文明、生态文明协调发展，创造了中国式现代化新道路，创造了人类文明新形态。"围绕中国式现代化，本报记者专访了清华大学习近平新时代中国特色社会主义思想研究院院长、马克思主义学院院长、教育部长江学者特聘教授艾四林。

一、全面建成小康社会对全面建设社会主义现代化国家的重大意义

记　　者：在庆祝中国共产党成立100周年大会上，习近平总书记代表党和人民庄严宣告，经过全党全国各族人民持续奋斗，我们实现了第一个百年奋斗目标，在中华大地上全面建成了小康社会，历史性地解决了绝对贫困问题，正在意气风发

---

① 《秦皇岛日报》2021年8月9日，访谈记者康松乔。

向着全面建成社会主义现代化强国的第二个百年奋斗目标迈进。艾教授，请您谈谈全面建成小康社会对全面建设社会主义现代化国家的重大意义。

艾四林：实现现代化和中华民族伟大复兴，是近代以来中华民族最伟大的梦想、最高利益和根本利益。新中国成立后，以毛泽东同志为核心的党的第一代中央领导集体提出把我国建设成为一个现代化的社会主义强国的奋斗目标，并将在20世纪内实现"四个现代化"确立为党的战略目标。改革开放初期，邓小平用"小康"来诠释中国式现代化，提出到20世纪末"在中国建立一个小康社会"的奋斗目标。全面建成小康社会，在我国社会主义现代化建设进程中具有里程碑意义，也是实现中华民族伟大复兴征程上的关键一步。

一是奠定了坚实基础。实现现代化和中华民族伟大复兴是一场接力跑，全面建成小康社会这一棒跑好了，第二个百年奋斗目标才能顺利起步，并最终实现中华民族伟大复兴中国梦。2020年国内生产总值和城乡居民人均收入比2010年翻一番，中国的综合国力迈上一个新台阶……这就为实现第二个百年奋斗目标奠定了更坚实的基础，也极大提升了实现中华民族伟大复兴中国梦的能力。

二是增强了信心。实现全面建成小康社会的目标，使我们比历史上任何时期都更接近实现中华民族伟大复兴的目标，这会极大增强我们为实现第二个百年奋斗目标而奋斗的信心。如期全面建成惠及十几亿人口的小康社会，人民群众的获得感、幸福感、安全感得到切实提高，这会极大调动人民群众的积极性、主动性、创造性，激发和汇聚全面建设社会主义现代化国家、实现中华民族伟大复兴中国梦的磅礴力量。另外，如期全面建成小康社会，也会进一步彰显社会主义制度的优越性，显著提高我国的国际地位和影响力，为全面建设社会主义现代化国家、实现中华民族伟大复兴创造更好的国际环境。

三是开启新征程。全面建成小康社会不仅承接历史，也连接未来，具有继往开来的作用。全面建成小康社会与中华民族伟大复兴紧密联系。全面建设小康社会的目标要求，与第二个百年奋斗目标、实现中华民族伟大复兴中国梦目标要求是相衔接的，没有全面小康的实现，第二个百年奋斗目标、民族复兴就无从谈起。全面建成小康社会不是终点站，而是新生活、新奋斗的起点。

二、理解中国式现代化的维度

记　者：关于中国式现代化，我们该如何理解呢？

艾四林：当然可以从不同角度、维度去把握。我觉得，有以下几个维度需要关注到：

一是社会主义初级阶段条件下现代化的问题。社会主义初级阶段的提出，是我们党重要的理论和实践创新，在马克思主义发展史上具有重要的意义。但是，并不是所有国家都要经历这个阶段，所以，马克思主义经典作家不可能设想这样一个普遍性的社会主义初级阶段，不可能设想社会主义初级阶段现代化道路。中国式现代化的基本前提，就是社会主义初级阶段。改革开放初期提出的"三步走"和新时代"两步走"现代化战略安排，社会主义和市场经济的有机结合，等等，这些就充分体现了社会主义初级阶段现代化的特点。因此，中国式现代化，归根到底，就是社会主义初级阶段现代化道路。

二是社会主义制度与资本主义制度两种制度条件下现代化的问题。在两种制度并存条件下，现代化进程，不可能是一种制度取代另一种制度。另一方面，原发现代化国家对后发现代化国家有着一定的影响，后发现代化国家对原发现代化国家现代化经验也有汲取和发展。中国式现代化，归根到底，就是在吸取人类一切有益成果包括西方现代化经验教训基础上对西方现代化道路的超越。

三是全球化条件下的现代化问题。全球化给后发国家走向现代化带来了新的动力、新的机遇和新的挑战，也必然赋予后发国家现代化新的时代色彩。在全球化条件下，国与国之间的联系和相互影响前所未有。同时，全球化使世界各国及各国人民的命运紧密联系在一起，构成一个命运与共的命运共同体。因此，中国式现代化，归根到底，是在这种影响中从传统走向现代。

世界上没有两片相同的叶子，也没有两片完全不同的叶子，这就是现代化道路上的共性与个性的关系、共同价值与特殊价值的关系问题。

三、中国式现代化新在哪里？

记　者：艾教授，您能否再具体谈谈，中国式现代化"新"在哪里？

艾四林：习近平总书记指出："我们的任务是全面建设社会主义现代化国家，当然我们建设的现代化必须是具有中国特色、符合中国实际的。"[①]中国式现代化是人口规模巨大的现代化，是全体人民共同富裕的现代化，是物质文明和精神文明相协调的现代化，是人与自然和谐共生的现代化，是走和平发展道路的现代化。这些都充分彰显了中国式现代化的重要特征。如果从价值取向来看，中国式现代化也逐渐呈现出新的面貌：

一是自主性。西方现代化是原发现代化，中国式现代化是后发现代化。西方现代化经验能否上升为普遍规律？近代以来，西方国家现代化道路一直都是蓝本，是很多后发国家效仿的对象。长期以来，现代化等于西方现代化，现代文明等

———————

① 2021年1月11日，习近平在省部级主要领导干部学习贯彻党的十九届五中全会精神专题研讨班上的讲话。

同于西方文明，现代社会等同于资本主义社会，似乎后发现代化国家要实现现代化就必须遵循西方现代化道路，这是原发现代化优势所造成的幻觉。事实上，一些清醒的西方学者就否定了西方现代化的规律性、普遍性、唯一性，甚至认为，西方现代化是基于西方历史文化的独特的现代化道路。中国拥有十多亿人口，又具有独特历史文化，现代化道路如何走？走自己的路，是党的全部理论和实践立足点，更是党百年奋斗得出的历史结论。中国在中国共产党的领导下，坚持走自己的路，走出了一条不同于西方的现代化道路。

二是全面性。西方现代化国家能够解决富裕问题，但是很难解决"共同"也就是"全面"的问题，一部分人富裕，少数人富裕，两极分化严重，这种情况并没有随着西方现代化进程而消除，反而有扩大之势。共同富裕路上，一个不能掉队，体现了我们追求的富裕的全面性。

西方现代化进程中人与人关系的物化，导致物化人、单面人的出现，使人无法真正实现自由全面发展。马克思讲，工人在自己的劳动中不是肯定自己，而是否定自己，不是感到幸福，而是感到不幸，不是自由地发挥自己的体力和智力，而是使自己的肉体受折磨、精神遭摧残。在中国式现代化进程中，我们以人民为中心，始终把人的全面自由发展放在突出位置，就是要实现一个人的全面发展的现代化。

三是协调性。基于人类中心主义立场，西方现代化没有办法解决好人和自然之间的冲突的问题。基于个体主义的立场，西方现代化也无法破解人和人的冲突。随着资本主义的发展，无产阶级和资产阶级的矛盾不断加剧，西方社会的分裂不断加深。在庆祝中国共产党成立100周年大会上的讲话中，习近平总书记指出，"我们坚持和发展中国特色社会主义，推动物质文明、政治文明、精神文明、社会文明、生态文明协调发展"。在中国式现代化进程中，我们摒弃人类中心主义、个体主义的立场，统筹推进五位一体总体布局，协调推进五大文明建设，着力解决不平衡不充分发展的问题，使人和自然、人和人以及经济社会各方面更协调、更和谐。

四是和平性。历史地看，西方现代化的过程大多与扩张主义、霸权主义联系在一起，伴随着殖民、侵略等。而中国现代化之路是和平的，习近平总书记指出，中华民族的血液中没有侵略他人、称王称霸的基因。中国人民从来没有欺负、压迫、奴役过其他国家人民，过去没有，现在没有，将来也不会有。事实上，中国几十年快速现代化，正是得益于世界和平环境。因此，无论过去、现在还是将来，中国现代化的进程，始终是一个和平的进程，展现出的是一条非攻击性、非侵略性的和平主义现代化新路。

五是包容性。习近平总书记强调，现代化道路并没有固定模式，适合自己的才是最好的，不能削足适履。因此，每个国家自主探索符合本国国情的现代化道路的努力都应该受到尊重。中国式现代化和西方现代化不是替代关系，而是共存关系。我们并不排斥西方现代化，而是学习借鉴了西方现代化的有益经验，吸取了教训。在现代性或现代价值上，中国价值具有更大的包容性。我们同是一个人类社会，同在一个地球上，在"一球两制"环境下，我们承认全球共同价值。习近平总书记指出，中国共产党将继续同一切爱好和平的国家和人民一道，弘扬和平、发展、公平、正义、民主、自由的全人类共同价值。全球共同价值的提出，展现了中国共产党宏大的胸怀。公平、正义、民主、自由，是近代以来人类追求的共同价值。同时，合作、共赢，共商、共建、共享等中国价值，是基于中国式现代化实践所提出的新的全球共同价值，是在自由、民主、公正的基础上提供给人类的新的价值理念。这些价值理念随着人类命运共同体构想的不断推进，会越来越具有影响力和感召力。

3 科学把握共同富裕的深刻内涵和实现路径①

党的十九届五中全会上首次提出2035年"全体人民共同富裕取得更为明显的实质性进展"远景目标，中央财经委员会第十次会议研究扎实促进共同富裕问题。围绕科学把握共同富裕的深刻内涵和实现路径，本报记者专访了清华大学习近平新时代中国特色社会主义思想研究院院长、马克思主义学院院长、教育部长江学者特聘教授艾四林。

一、中国式现代化是全体人民共同富裕的现代化

记　者：从党的十九届五中全会上首次提出2035年"全体人民共同富裕取得更为明显的实质性进展"远景目标，到中央财经委员会第十次会议研究扎实促进共同富裕问题，站在迈向第二个百年奋斗目标的新征程上，如何把握当前促进共同富裕的重要性？

---

① 《湖北日报》2021年8月27日，访谈记者程曼诗。

艾四林："治国之道，富民为始。"共同富裕是中国人民自古以来的理想追求，也是马克思主义的基本目标。中国共产党自成立之日起，就把实现共同富裕作为矢志不渝的奋斗目标。我们推动经济社会发展，归根结底是要实现全体人民共同富裕。经过全党全国各族人民持续奋斗，我们实现了第一个百年奋斗目标，在中华大地上全面建成了小康社会，历史性地解决了绝对贫困问题，正在意气风发向着全面建成社会主义现代化强国的第二个百年奋斗目标迈进。习近平总书记多次强调，共同富裕本身就是社会主义现代化的一个重要目标。中国式现代化是全体人民共同富裕的现代化。

人民生活从温饱不足到全面小康，是一个历史性跨越，但全面小康不是终点，而是新生活的起点。早在1992年的南方谈话中，邓小平同志曾提到过，在什么基础、在什么时候突出地提出和解决共同富裕的问题，他当时设想，在上个世纪末达到小康水平的时候，就要突出地提出和解决这个问题。现在，实现共同富裕有了更好的基础和条件，实现共同富裕的信心和底气更强了，突出地提出和解决共同富裕的问题正当其时。

实现共同富裕是一面凝聚民心、促进社会稳定发展的旗帜。实现共同富裕不仅是经济问题，而且是关系党的执政基础的重大政治问题。当今世界正经历百年未有之大变局，世界不稳定性不确定性明显增加，全面小康依然如期实现，中国稳居世界第二大经济体，人均GDP超过1万美元，中等收入群体超过4亿人，但也应看到，地区差距、城乡差距、收入差距等问题仍较突出。习近平总书记强调："物质丰富了，但发展极不平衡，贫富悬殊很大，社会不公平，两极分化了，能得人心吗？"[①]解决发展不平衡不充分问题，缩小城乡区域发展差距，推动共同富裕取得更为明显的实质性进展，让发展成果更多更公平惠及全体人民，不断增强人民群众获得感、幸福感、安全感，对夯实党的执政基础、国家的长治久安有着重要意义。

二、共同富裕不等于同等富裕、同步富裕

记　者：为什么要强调，共同富裕是全体人民的富裕，而"不是少数人的富裕，也不是整齐划一的平均主义"？

艾四林：20世纪80年代，邓小平同志首次正式提出"共同富裕"概念，随着实践的发展，共同富裕的内涵越来越丰富、越来越清晰。党的十九届五中全会强调"扎实推动共同富裕"，在描绘2035年基本实现社会主义现代化远景目标时，明确提出"全体人民共同富裕取得更为明显的实质性进展"，中央财经委员会第十次会议进一步描绘共同富裕的内涵及其实现途径，具有很强的时代性和针对性。

---

① 《习近平关于社会主义社会建设论述摘编》，中央文献出版社2017年版，第32页。

共同富裕不是少数人的富裕，是全民富裕。共同富裕涵盖的是全体人民。这意味着共同富裕，不是少数人，不是某个地区，不是某个利益集团的富裕。过去允许一部分人、一部分地区先富起来，但我们始终没有忘记，其目标是实现全体人民的共同富裕。中国共产党始终代表最广大人民根本利益，与人民休戚与共、生死相依，没有任何自己特殊的利益。贫穷不是社会主义，两极分化也不是社会主义，在社会主义中国，我们追求的富裕是全体人民共同富裕，绝不能出现"富者累巨万，而贫者食糟糠"的现象。共同富裕路上，一个也不能掉队。

共同富裕不是平均主义，是差别富裕。共同富裕，是全体人民通过辛勤劳动和相互帮助，普遍达到生活富裕富足、精神自信自强、环境宜居宜业、社会和谐和睦、公共服务普及普惠，实现人的全面发展和社会全面进步，共享改革发展成果和幸福美好生活。共同富裕，就是消除贫穷和两极分化基础上的普遍富裕，但不是同等富裕，更不是传统意义上的均贫富。我国正处于并将长期处于社会主义初级阶段，消除了绝对贫困，但相对贫困在一定时期还会存在，即便基本实现共同富裕，富裕的程度仍会有差异。我们不能做超越阶段的事情，不搞牺牲效率的平均主义，避免陷入"福利陷阱"。

共同富裕不是整齐划一，不是同步富裕，是逐步富裕。中国是一个大国，解决发展不平衡不充分问题，解决地区差距、城乡差距、收入差距等问题，不可能一蹴而就，共同富裕必须分阶段推进。从国家层面来讲，共同富裕是从低层级到高层级的逐步富裕，因此，我们党做出了分阶段推进共同富裕的战略安排。从2020年到2035年，基本实现社会主义现代化，"全体人民共同富裕迈出坚实步伐"；从2035年到本世纪中叶，建成富强民主文明和谐美丽的社会主义现代化强国，"全体人民共同富裕基本实现"。从个体层面来讲，共同富裕是从部分到整体的过程富裕，既要允许一部分人先富起来，更要鼓励先富带后富、帮后富。

三、既要"富口袋"也要"富脑袋"

记　者：会议强调，共同富裕是全体人民的富裕，是人民群众物质生活和精神生活都富裕。为什么要强调物质生活和精神生活两方面富裕？如何不断满足人民群众多样化、多层次、多方面的精神文化需求？

艾四林：谈到富裕，我们首先想到的自然是物质富裕。实际上，仅有物质富裕，无论是对一个社会，还是对一个个体来说，都是不够的。共同富裕是全面富裕，是人民群众物质生活和精神生活都富裕，其目标归根到底就是实现人的全面发展和社会文明全面进步。物质贫穷不是社会主义，精神贫穷也不是社会主义。我们党历来重视物质文明和精神文明协调发展，强调要两手抓、两手都要硬。党的十八大以来，习近平总书记强调，既要"富口袋"，也要"富脑袋"。站在新征程上，我们党明确宣示，中国式现代化是物质文明和精神文明协调发展的现代化。高度的物质文明和高度的精神文明，既是我国现代化的目标，也是共同富裕的重要内容。

"仓廪实而知礼节，衣食足而知荣辱。"随着全面建成小康社会，人民美好生活需要日益广泛，精神文化需要日益增长。因此，迫切需要大力加强精神文明建设，不断满足人民的精神文化需要。促进人民精神生活共同富裕，就要强化社会主义核心价值观引领，推进公民道德建设，提高人民思想道德素质、科学文化素质和身心健康素质，传承弘扬中华优秀传统文化、革命文化、社会主义先进文化，提供更多优秀文化产品，丰富人民精神文化生活，深入实施文化惠民工程，优化基层公共文化服务，构建高品质公共文化服务体系，更好满足人民群众文化需求，实现精神生活的富裕。

四、共同富裕示范区的示范意义和实践运用

记　者：前不久，《中共中央 国务院关于支持浙江高质量发展建设共同富裕示范区的意见》正式发布，标志着浙江率先成为建设共同富裕示范区的"探路先锋"。如何从"要分阶段促进共同富裕"的角度分析建设共同富裕示范区的意义？各地应当如何立足实际、着眼长远，高质量促进共同富裕？

艾四林：与全面建成小康社会相比，实现共同富裕难度

不小, 对共同富裕的长期性、艰巨性、复杂性, 必须要有充分估计。今天, 我们明确提出, 要协同推进共同富裕和现代化, 到本世纪中叶, 既要全面实现社会主义现代化, 又要基本实现全体人民共同富裕。同步实现现代化和共同富裕, 世界上没有先例, 没有现成的模式可学, 没有现成的范式可以参考。

实现共同富裕是一个长期目标, 也是一个长期过程。选择部分条件相对具备的地区先行先试, 积累经验, 作出示范, 再逐步推开, 就是一个理性的选择。浙江富裕程度较高、均衡性较好, 改革创新意识较为浓烈, 具备开展共同富裕示范区建设的基础和优势。因此, 党中央、国务院作出了支持浙江高质量发展建设共同富裕示范区的重大部署。浙江作为示范区的先行先试, 就是要在实践中进一步丰富共同富裕的思想, 探索破解各种矛盾的有效途径和方法, 为全国其他地区分阶段推动共同富裕作出省域示范。

各地推动共同富裕的基础和条件不尽相同, 要从问题导向出发, 瞄准影响共同富裕的难点、焦点, 精准施策, 补齐短板。要以改革创新为根本动力, 推动共同富裕体制机制创新。要扎实推动高质量发展, 不断把"蛋糕"做大。要尽力而为又量力而行, 循序渐进, 不急于求成。要充分调动人民群众的积极性、主动性、创造性, 形成人人参与、人人尽力的共建共富的生动局面。要营造先富带后富、帮后富的文化氛围和社会风尚, 凝聚起最广泛的社会参与。

五、初次分配、再分配、三次分配需协调配套

记　者：会议强调，正确处理效率和公平的关系，构建初次分配、再分配、三次分配协调配套的基础性制度安排。为什么要强调初次分配、再分配、三次分配协调配套？构建这种基础性制度安排有哪些着力点？

艾四林：三次分配首次被纳入制度性安排，表明三次分配成为实现共同富裕的新的重要途径。实现共同富裕，途径多样，但分配问题无疑是核心。实现共同富裕，需要一个更加公平的收入分配秩序和制度体系。分配问题也是关系到老百姓切身利益的重大问题。以前，初次分配、再分配构成我国分配制度的主要方面。近两年，三次分配逐步受到关注。党的十九届四中全会提出要"重视发挥第三次分配作用，发展慈善等社会公益事业"，党的十九届五中全会提出要"发挥第三次分配作用，发展慈善事业，改善收入和财富分配格局"。这次会议明确将三次分配纳入分配的基础性制度安排，三次分配成为调节收入分配、实现共同富裕的新的重要途径。

初次分配、再分配、三次分配只有协调配套，才能更好发挥作用。在初次分配、再分配、三次分配构成的基础性制度体系中，初次分配、再分配、三次分配既相区别又相互联系、相互影响，三者要做到功能互补、协调配套。初次分配是由市场主导的分配，奠定了收入分配的基本格局。再分配主

要是由政府主导,通过税收、社会保障支出等调节手段进行的分配。三次分配是各主体,如个人和企业等基于道德力量,通过自愿捐赠而进行的分配。在这个分配基础性制度体系中,初次分配、再分配、三次分配要实现效益和公平的有机统一,才能在高质量发展中实现共同富裕。初次分配主要体现效率优先原则,在初次分配环节,要鼓励勤劳致富,保护合法收入。再分配主要体现兼顾公平和效率的原则,在再分配环节,要用好税收等调节杠杆,加大税收、社保、转移支付等调节力度并提高精准性。三次分配,就是要通过制度、法律等各方面配套支持,鼓励更多的主体共同参与,使其在推进共同富裕中发挥更大作用。

当前和今后一个时期,要着力"调高、扩中、增低",形成"中间大、两头小的橄榄型分配结构"。"调高"就是"要加强对高收入的规范和调节,依法保护合法收入,合理调节过高收入,鼓励高收入人群和企业更多回报社会"。在这方面,主要是取缔非法收入,合理调节过高收入。"扩中"就是"要着力扩大中等收入群体规模,抓住重点、精准施策,推动更多低收入人群迈入中等收入行列"。"增低"就是"要促进基本公共服务均等化,加大普惠性人力资本投入,完善养老和医疗保障体系、兜底救助体系、住房供应和保障体系"。

4 实现全体人民共同富裕是中国式现代化的本质要求①

　　党的二十大报告阐明了中国式现代化的五个特征，其中之一就是"中国式现代化是全体人民共同富裕的现代化"；在中国式现代化的本质要求中，也包括"实现全体人民共同富裕"。围绕实现全体人民共同富裕是中国式现代化的本质要求，本报记者专访了清华大学习近平新时代中国特色社会主义思想研究院院长、教育部长江学者特聘教授艾四林。

一、归根结底就是让全体中国人都过上更好的日子

　　记　者：党的二十大报告阐明了中国式现代化的五个特征，其中之一就是"中国式现代化是全体人民共同富裕的现代化"；在中国式现代化的本质要求中，也包括"实现全体人民共同富裕"。以中国式现代化全面推进中华民族伟大复兴，为什

---

① 《湖北日报》2022年12月23日，访谈记者程曼诗。

么要强调"全体人民共同富裕"这一特征?"全体人民共同富裕的现代化"与西方现代化有何本质区别?

艾四林: 把实现人民对美好生活的向往作为中国式现代化建设的出发点和落脚点。随着在中华大地上全面建成了小康社会,历史性地解决了绝对贫困问题,人民对美好生活的向往向前迈进了坚实的一大步。目前我国中等收入群体的规模超过4亿人,我国已迈入中等收入偏上国家行列。站在新的起点上,老百姓从盼小康进而盼富裕,更期望共同富裕。因此,党的二十大报告,不仅强调全体人民共同富裕是中国式现代化的本质特征,而且强调实现全体人民共同富裕是中国式现代化的本质要求。不难看出,实现全体人民的共同富裕在中国式现代化建设全局中处于重要地位。

共同富裕既是中国式现代化的目标,也是推进中国式现代化的动力。从党的十九大到党的二十大,实现全体人民共同富裕的目标和路线图越来越清晰。新时代新征程上,面对可以预料和难以预料的各种重大风险挑战,习近平总书记在二十届中央政治局常委同中外记者见面时强调,新征程上,我们要始终坚持一切为了人民、一切依靠人民。改革开放初期,允许和鼓励一部分地区一部分人先富起来,以带动越来越多的地区和人们逐步达到共同富裕,这种差异化发展,极大地解放和发展了社会生产力,推动了经济社会不断发展,取得巨大成就。但是,这种差异化发展,也带来了地区差距、城乡差距、收入差距扩大等问题，这些突出问题如果长期得不到解决，会挫伤人民的主动性、积极性、创造性，也会影响党的形象和群众基础。因此，新时代新征程，共同富裕无疑是一面凝心聚力的旗帜，14多亿中国人民聚集在这面旗帜下，汇聚起全面建设社会主义现代化国家和实现中华民族伟大复兴的磅礴力量。

过上富足、美好生活，是各国人民的共同梦想。当人类社会发展到资本主义社会，生产力快速发展、物质财富快速增长，马克思恩格斯在《共产党宣言》中指出，"资产阶级在它的不到一百年的阶级统治中所创造的生产力，比过去一切世代创造的全部生产力还要多，还要大"。但劳动人民贫困化和社会贫富两极分化的程度却不断加深，马克思指出："在一极是财富的积累，同时在另一极，即在把自己的产品作为资本来生产的阶级方面，是贫困、劳动折磨、受奴役、无知、粗野和道德堕落的积累。"在西方，一部分人富裕，少数人富裕，两极分化严重，这种情况并没有随着西方现代化进程而消除，反而有扩大之势。

全体人民共同富裕只能在中国特色社会主义道路上实现。党的十八大以来，党中央统一领导、统一部署，在全国范围内充分调动各种资源，动员全社会力量，加强东西部扶贫协作，深化结对帮扶，充分发挥了社会主义制度可以集中力量办大事的政治优势，成功打赢了脱贫攻坚战。在新征程中推进共同富裕,要充分发挥党的集中统一领导和我国社会主义制度的政治优势,确保"共同富裕路上,一个也不能掉队",走出一条具有中国特色的共同富裕之路。

二、通过合理的制度安排把"蛋糕"切好分好

记　者: 在完善收入分配方面,党的二十大报告提出"构建初次分配、再分配、第三次分配协调配套的制度体系",构建这样的制度体系,对于扎实推进共同富裕有何重要意义?

艾四林: 改革开放40多年,我国居民人均收入不断提高,但也要看到,还存在财富分配不公现象。如何增强财富分配公平性,缩小财富分配差距,以防止出现"富者累巨万,而贫者食糟糠"的现象,仍是一个重大课题。因此,新时代推进共同富裕,持续缩小地区差距、城乡差距、收入差距,无疑是其中的应有之义。共同富裕不会随着生产力的发展,自然而然地实现。因此,我们要发挥好社会主义制度优势,做好共同富裕的规划和顶层设计,做好制度安排。这其中,就要构建合理的分配制度体系。

党的二十大报告指出,分配制度是促进共同富裕的基础性制度,要"构建初次分配、再分配、第三次分配协调配套的制度体系"。在初次分配方面,要努力消除不合理就业限制和歧视等,创造公平就业的机会,努力提高居民收入在国民收入分配中的比重,提高劳动报酬在初次分配中的比重。在再

分配方面，要加大税收、社保、转移支付等调节力度并提高精准性，让更多工薪阶层获益，共享二次分配的改革红利。在第三次分配方面，要通过制度、法律等各方面配套支持，鼓励高收入人群以慈善公益方式对社会资源和社会财富进行分配。

构建合理的分配制度体系，就是要通过合理的制度安排把"蛋糕"切好分好，防止两极分化，促使不同群体之间的差距进一步缩小，从而不断向全体人民共同富裕迈进。

三、让发展成果更多更公平惠及全体人民

记　者：中共中央举行新闻发布会介绍解读党的二十大报告精神时谈到，"共同富裕不是平均主义，更不是劫富济贫"，如何理解？

艾四林：有人将共同富裕视为平均主义、"劫富济贫"，有人甚至担心自己合法收入、合法财产的安全。这些看法完全是误读，这种担心也完全没有必要。

过去，我们讲贫穷不是社会主义，今天我们同样讲贫穷的平均主义也不是社会主义。我国人口众多、幅员辽阔，地区之间自然禀赋和发展基础不同，这就意味着，共同富裕不是所有人都同时富裕，也不是所有地区同时达到一个富裕水准，不同人群不仅实现富裕的程度有高有低，时间上也会有先有后。同时，由于我国将长期处于社会主义初级阶段，消除

了绝对贫困，但相对贫困在一定时期还会存在，即便基本实现共同富裕，富裕的程度仍会有差异。我们不能做超越阶段的事情，不搞牺牲效率的平均主义、"吃大锅饭"，避免陷入"福利陷阱"。因而，绝对平均主义的说法是错误的、片面的。

共同富裕更不是劫富济贫，不可能靠现有财富的平均分配来实现，只能在不断做大"蛋糕"过程中实现。习近平总书记指出："中国要实现共同富裕，但不是搞平均主义，而是要先把'蛋糕'做大，然后通过合理的制度安排把'蛋糕'分好，水涨船高、各得其所，让发展成果更多更公平惠及全体人民。"[1]没有发展，没有高质量发展，不做大蛋糕，就没有共同富裕的物质基础，也就很难分好蛋糕，也实现不了共同富裕。习近平总书记指出，"总的思路是，坚持以人民为中心的发展思想，在高质量发展中促进共同富裕"[2]。党的二十大报告强调，高质量发展是全面建设社会主义现代化国家的首要任务，并提出了加快构建新发展格局、着力推动高质量发展的重大战略举措。因此，我们的首要任务是要聚精会神推动高质量发展，不断把"蛋糕"做大。

---

[1]　《习近平：中国要实现共同富裕　但不是搞平均主义》，人民网，2022-01-17。
[2]　习近平：《扎实推动共同富裕》，《求是》2021年第20期。

四、既要尽力而为，又要量力而行

记　者：中共中央举行新闻发布会介绍解读党的二十大报告精神时谈到，"实现全体人民共同富裕是一个长期的历史过程，急不得也等不得"。为什么说共同富裕"急不得"也"等不得"？

艾四林：实现全体人民共同富裕是一个长远目标，需要一个长期过程，是一场持久战，因此"急不得"，要实事求是，从实际出发。实现14亿人的共同富裕，前所未有。我国14亿多人口整体迈进现代化社会，规模超过发达国家人口的总和。同步实现现代化和共同富裕，前所未有。党的十九大报告提出，到本世纪中叶，全体人民共同富裕基本实现。因此，实现共同富裕具有长期性、艰巨性和复杂性，不可能一蹴而就，不可能毕其功于一役，必定是一场持久战，要保持耐心，久久为功，持之以恒。实现共同富裕"急不得"。对国家来说，就是一场持久战，要有定力，从顶层做出长远规划，一张蓝图绘到底；对个人也是如此，不能指望一口吃个胖子，一夜暴富，要有耐力。

实现共同富裕是一个现实过程，必定是一次次战役攻坚战。实现共同富裕"等不得"，对国家而言，是一场场战术攻坚战，实现共同富裕的目标已经确定，有了具体的时间表，就要根据现有条件把能做的事情尽量做起来，采取有效措施，逐步缩小收入分配差距，积小胜为大胜。因此，要有时不我待的紧迫感，要分阶段不断向前推进，要让老百姓实实在在感受到共同富裕在不断推进。实现共同富裕"等不得"，对个人而言，就是天上不会掉馅饼，富裕生活靠奋斗，实现共同富裕，躺平不可取，躺赢不可能，"等靠要"等不来富裕，等不来幸福，等不来尊严，需要全体人民通过辛勤劳动来实现，依靠人人奋斗、人人参与、人人尽力，最终实现人人享有。

5 向人民向历史作出的庄严承诺①

习近平总书记指出，全面建成小康社会，是我们党向人民、向历史作出的庄严承诺，承载着中华民族孜孜以求的美好梦想。要抓好涉及决胜全面建成小康社会、决战脱贫攻坚的重点任务，不能有缓一缓、等一等的思想。

"小康"是中华民族自古以来孜孜追求的理想社会状态，也是亿万中国人民对幸福生活的美好渴望。党的十八大提出到2020年全面建成小康社会的奋斗目标，这是我们党向人民、向历史作出的庄严承诺。完成这一战略任务，是我们党的历史责任，也是最大光荣。如何理解"向人民、向历史"的内涵，为什么中国共产党能够几十年如一日围绕同一个宏伟目标进行总体设计并接续奋斗？带着这些问题，记者专访了清华大学马克思主义学院院长艾四林教授。

---

① 《中国纪检监察报》2020年3月23日，访谈记者王雅婧。

一、全面建成小康社会是中国共产党交出的一份历史答卷，必须经得起历史检验

记　者： 到2020年全面建成小康社会，这是党向人民、向历史作出的庄严承诺。"向人民"大家相对好理解，因为这一目标回应了广大人民群众对生活的美好期待。"向历史"我们又该如何理解呢？

艾四林： 首先，小康社会不是无本之木，它植根于中华民族几千年的历史之中。"民亦劳止，汔可小康"，小康承载着中国老百姓孜孜以求的"千年梦想"，是中华民族自古以来的历史追求。因此，全面建成小康社会是中国共产党交出的一份历史答卷。

其次，建设小康社会，是我们党自成立以来就承接的光荣历史使命。新中国成立后，建设小康社会被正式提上日程。改革开放之初，邓小平用"小康"来表征中国式现代化，提出"三步走"的战略部署，明确提出到20世纪末在中国建立一个小康社会的奋斗目标。随后几十年的时间里，我们党始终紧紧扭住这个奋斗目标，一茬接着一茬干，一棒接着一棒跑。小康社会建设史，就是中国共产党人接续奋斗的历史。如期全面建成小康社会，是对中国共产党90多年为之奋斗的历史使命的最好诠释。

再次，全面建成小康社会，是我们党对人民也是对历史

立下的军令状，必须在2020年如期实现。时间能说明一切，历史是最好的裁判官，即将建成的小康社会，是实实在在的小康，必须经得起历史检验。

记　者：人们对奋斗目标的选择，不会是随性而为。我们为什么把全面建成小康社会作为第一个百年奋斗目标，为什么说全面建成小康社会是实现中华民族伟大复兴中国梦的关键一步？

艾四林：提出具有感召力的奋斗目标，对于凝聚民心、汇集力量具有重要意义。我们党对奋斗目标的选择是根据事业发展需要和人民意愿来确定的。而历史的发展，总有些关键时间节点。在实现中华民族伟大复兴中国梦的征程中，中国共产党成立100周年就是一个重要历史节点，这个节点和全面建成小康社会的目标实现正好相契合。因此，党的十八大以来，我们党明确提出在中国共产党成立100周年时全面建成小康社会。

为什么说全面建成小康社会是实现中华民族伟大复兴中国梦的关键一步？可以从三个方面来理解：一是奠定坚实基础。实现中华民族伟大复兴是一场接力跑，全面建成小康社会这一棒跑好了，第二个百年奋斗目标才能顺利起步，并最终实现中华民族伟大复兴中国梦。2020年国内生产总值和城乡居民人均收入比2010年翻一番，中国的综合国力迈上一个新台阶……这就为实现中华民族伟大复兴中国梦奠定了更坚实的基础,也极大提升了实现中华民族伟大复兴中国梦的能力。

二是增强信心。实现全面建成小康社会的目标,使我们比历史上任何时期都更接近实现中华民族伟大复兴的目标,这会极大增强我们为实现中华民族伟大复兴而奋斗的信心。如期全面建成惠及十几亿人口的小康社会,人民群众的获得感、幸福感、安全感得到切实提高,这会极大调动人民群众的积极性、主动性、创造性,激发和汇聚实现中华民族伟大复兴中国梦的磅礴力量。另外,如期全面建成小康社会,也会进一步彰显社会主义制度的优越性,显著提高我国的国际地位和影响力,为实现中华民族伟大复兴创造更好的国际环境。

三是开启新征程。全面建成小康社会不仅承接历史,也连接未来,具有继往开来的作用。全面建成小康社会与中华民族伟大复兴紧密联系。全面建设小康社会的目标要求,与第二个百年奋斗目标、实现中华民族伟大复兴中国梦目标要求是相衔接的,没有全面小康的实现,民族复兴就无从谈起。全面建成小康社会不是终点站,而是新生活、新奋斗的起点。

二、小康社会的具体指标具体表述在变,但党的初心使命没变

记　者:有人说,中国道路,一头连接着国情,一头连接着

理想。"小康"这个奋斗目标最早是1979年邓小平提出的。几十年来,从"总体小康"到"全面小康",从"全面建设"到"全面建成",内涵又在不断丰富。您如何看待"小康社会的内涵不断丰富"?

艾四林: 小康目标的提出体现了实事求是的科学精神。理想必须立足现实。新中国成立后,以毛泽东同志为核心的党的第一代中央领导集体提出把我国建设成为一个现代化的社会主义强国的奋斗目标,并将在20世纪内实现"四个现代化"确立为党的战略目标。改革开放初期,邓小平用"小康"来诠释中国式现代化,提出到20世纪末"在中国建立一个小康社会"的奋斗目标,这是符合中国经济社会发展实际的。小康社会内涵的发展,同样体现了实事求是的科学精神。当1995年原定2000年国民生产总值比1980年"翻两番"目标提前完成,提前实现了由温饱到总体小康的历史性跨越,1997年党的十五大提出"进入和建设小康社会",2002年党的十六大提出全面建设惠及十几亿人口的更高水平的小康社会,都是基于我国生产力的发展实际情况对小康社会建设提出的更高标准、更新要求。

小康内涵的丰富也反映了事物发展的辩证法。事物的发展是阶段性与连续性的统一,是变和不变的统一。从"解决温饱"到"小康水平",从"总体小康"到"全面小康",从"全面建设"再到"全面建成",反映的是小康社会建设的阶段性目标和任务,同时一个个阶段又构成一个循序渐进的整体,这个过程是个不可分割的过程,体现了事物发展的连续性。小康社会的具体指标、具体表述可以变,时间表、路线图也会有新表述,但社会主义初级阶段国情立足点没有变,建设社会主义现代化国家的目标没有变,为中国人民谋幸福、为中华民族谋复兴的初心使命没有变。

同时,这种内涵的丰富符合人的认识规律。人的认识是不断发展的,是一个在实践基础上由少到多、由浅到深的过程。实践是认识的基础,认识是对实践的反映,实践发展到哪里,理论创新就跟进到哪里。随着中国特色社会主义伟大实践的不断推进和深入发展,一些新的问题凸显出来。比如,当社会和谐等问题凸显出来时,党的十六届六中全会提出构建社会主义和谐社会的重大任务,总体布局由"三位一体"拓展为"四位一体",社会建设就成为小康社会建设的重要内容。而当生态环境问题越来越突出时,党的十八大提出生态文明建设,总体布局由"四位一体"拓展为"五位一体",生态文明建设就成为小康社会建设的重要内容。这反映了我们实践的发展和认识的深入。

记　者:"小康"目标提出以来,我们党始终紧紧扭住这个奋斗目标,一茬接着一茬干,一棒接着一棒跑。一个执政党持续围绕同一个宏伟目标进行总体设计,在世界上是很少见的。我们党能够坚持不懈为这一目标努力的原因在哪里?

艾四林：我认为，以下几个原因很重要：首先，中国共产党因初心使命而生，也因初心使命而兴。这一初心使命就是为中国人民谋幸福，为中华民族谋复兴。初心使命就是中国共产党人不竭的力量源泉。中国共产党一经成立，就义无反顾肩负起实现中华民族伟大复兴的历史使命。在中国共产党近百年发展史中，虽然每个阶段有不同的具体目标、任务，但这一初心使命贯穿始终，确保了我们党的执政理念具有稳定性，制定的发展目标具有长期性。

其次，为中华民族谋复兴的历史使命需要一代又一代共产党人持续不断地艰苦奋斗才能完成。习近平总书记讲，我将无我，不负人民。我愿意做到一个"无我"的状态，为中国的发展奉献自己。这段话道出了中国共产党人的崇高精神境界。我们党除了人民利益之外没有自己的特殊利益，所以能够以"功成不必在我"的博大襟怀和"功成必定有我"的历史担当，朝着宏伟目标接续奋斗，真正做到对历史和人民负责。

另外，新中国成立70多年来，随着我国国家制度和国家治理体系不断完善，社会主义制度集中力量办大事的显著优势日益彰显。这一制度优势，保障了我们对党的路线、方针、政策始终不动摇、不放弃，一以贯之地贯彻；确保对所办大事有统一、长远规划，坚持全国一盘棋，保持战略定力，做到一张好的蓝图一干到底。

三、我们的小康社会是"五位一体"的全面小康，是一个人都不能少

记　者：今年是决胜全面建成小康社会的收官之年，您觉得要想保证这一目标实现，我们还有哪些难点要攻克？

艾四林：我主要讲两个方面：一是聚焦深度贫困地区以及老弱病残等特殊贫困人口脱贫问题，坚决打赢脱贫攻坚战，确保让贫困人口和贫困地区同全国一道进入全面小康社会。全面脱贫是全面建成小康社会的基本标志，也是全面建成小康社会的关键。没有全面脱贫，就没有全面小康。打赢脱贫攻坚战是全面建成小康社会的底线任务，一个人、一个民族、一个地区都不能少。目前，脱贫攻坚目标任务接近完成，但全国还有52个贫困县未摘帽、2707个贫困村未出列、建档立卡贫困人口未全部脱贫，这些都是贫中之贫、困中之困，是最难啃的硬骨头。剩下的一段时间，脱贫攻坚最突出的短板就是深度贫困地区贫困人口脱贫。因此，脱贫攻坚战要更精准，要向深度贫困地区、老弱病残贫困人口聚焦，要按照习近平总书记的要求，对52个未摘帽贫困县和1113个贫困村实施挂牌督战，对没有劳动能力的特殊贫困人口要强化社会保障兜底，实现应保尽保，确保我国现行标准下农村贫困人口实现脱贫、贫困县全部摘帽，确保所有贫困地区、贫困人口一道迈入全面小康社会。

二是打好污染防治攻坚战，持续改善生态环境质量。全面小康社会，是"五位一体"的全面小康。改革开放40多年来，我国经济社会发展取得巨大成就，但也积累了一些生态环境问题。正如习近平总书记指出的，"小康全面不全面，生态环境质量很关键"[①]。生态环境与新时代人们对优美生态环境需要和建设美丽中国的热切期盼相比，还有一定距离，生态环境问题也会影响人们对全面建成小康社会的满意度。因此，必须大力推动形成绿色发展方式、生活方式，切实把生态文明的理念、原则、目标融入经济社会发展各方面，加大生态环境保护和污染防治力度，坚决打好蓝天、碧水、净土保卫战，让即将建成的小康社会成为"望得见山、看得见水、记得住乡愁"的全面小康。

同时还要打好防范化解重大风险攻坚战，增强忧患意识和底线思维，为全面建成小康社会创造良好环境。

---

① 2014年3月7日，习近平在参加十二届全国人大二次会议贵州代表团审议时的讲话。

6 百花齐放春满园①

主持人： 学习思想，领悟经典，感受平语近人。欢迎您收看《平"语"近人——习近平喜欢的典故》，我是主持人康辉。首先欢迎今天来到节目现场的中国电信和中国人保的各位观众朋友，大家好！

党的十八届五中全会提出创新、协调、绿色、开放、共享的新发展理念。这集中反映了我们党对于经济社会发展规律认识的不断深化。其中，共享也是针对新时代、新问题、新特点、新需求提出的新的发展理念。习近平总书记关于共享发展有过很多重要的讲话论述，而这当中，也从中华优秀传统文化的那些经典篇章中汲取了丰厚的滋养，"推己及人""有教无类""天下大同"。今天这期节目我们就以"共享"为主题，一起来解读习近平喜欢的典故，从中深入地学习、领会关于共享发展理念的丰富内涵。

现在，让我们有请本期节目的思想解读人，清华大学马克思主义学院院长艾四林教授为大家讲解。

---

① 《平"语"近人——习近平喜欢的典故》（第二季）第九集，中央电视台综合频道2021年2月27日播出，节目主持人康辉。

艾四林：观众朋友们，大家好！党的十八大以来，以习近平同志为核心的党中央始终把人民放在最高位置，大力推进共享发展，让人民群众有了实实在在的获得感。习近平总书记强调，我们伟大的发展成就由人民创造，应该由人民共享。那么，为什么要共享？什么是共享？怎样实现共享？我先说，为什么要共享。

一、为什么要共享？

艾四林：我想先问问大家，你们日常生活中所接触到的与共享有关的事物究竟有哪些呢？哪位愿意说说？

观众一：我想最常见的可能是共享单车。

观众二：我认为除了共享单车非常常见之外，还有共享汽车、共享充电桩等。

观众三：共享书店、共享KTV、共享篮球、共享健身房。

观众四：共享自动售货机、共享鲜榨啤酒机、共享雨伞、共享洗衣机。

艾四林：四位都作了很好的回答。我觉得都没错，都是从不同的侧面对我们日常生活中的一些共享的事物进行了描述。共享的实质我们究竟该怎么去理解？刚才大家的回答，总体上还是停留在现象的层面，但共享实质，我们该怎么去把握、去理解呢？

主持人：中华优秀传统文化当中一直都有着奔小康、求大同的社会理想，而这种理想一直延续到今天。党的十八届五中全会提出共享发展理念，正是践行以人民为中心的发展思想，体现着全心全意为人民服务的根本宗旨。那么在新时代中国特色社会主义事业当中，共享发展理念的实质到底是什么，我们继续请思想解读人艾四林教授为大家讲解。

艾四林：共享的实质究竟怎么去理解，习近平总书记是有非常清晰的论述的，就是共享是中国特色社会主义的本质要求，其实质主要体现在两条：

一是坚持以人民为中心的发展思想。坚持共享发展是坚持以人民为中心的发展思想的必然要求。为谁发展？依靠谁发展？发展成果为谁所享？这是发展中的重大问题。"小康不小康，关键看老乡。"习近平总书记强调，坚持共享发展，必须坚持发展为了人民、发展依靠人民、发展成果由人民共享。这是第一条。

二是体现了逐步实现共同富裕的要求。社会主义最大的优越性是什么？那就是共同富裕。贫穷不是社会主义，但少数人富，而多数人穷，也不是社会主义。因此，习近平总书记强调，消除贫困、改善民生、实现共同富裕，是社会主义的本质要求。

1996年10月，福建省委省政府成立了对口帮扶宁夏回族自治区领导小组，时任福建省委副书记的习近平同志担任小组的组长。1997年4月，习近平同志来到宁夏，开展了为期6天的调研，形成了对口扶贫思路。随后，一批闽宁新村相继出现在宁夏大地，并发展成为闽宁镇。

闽宁镇是典型的扶贫移民镇。作为闽宁镇发展的见证人，谢兴昌看着乡亲们从最初种蘑菇、种枸杞，到后来养黄牛、劳务输出，日子越过越红火，曾经贫瘠荒凉的闽宁村一步步变成了如今业兴人旺的闽宁镇。新闽宁镇内数十栋带有浓郁福建风格的楼房正在施工，这里未来将被打造成商贸服务中心。

党的十八大以来，闽宁镇驶入发展的快车道，形成了种植、养殖、劳务、光伏、旅游五大产业格局，大批农民放下了锄头，走进企业成了产业工人。

路建花一家从大山里搬迁到闽宁镇原隆村，他们是闽宁镇的第三批移民，也是到目前为止的最后一批移民。从过去每天背着孩子走几十公里的山路去求学，到现在孩子就在村上的学校读书，路建花的日子过得一天比一天美。

闽宁，因扶贫而生，为脱贫而建。二十载春秋，从无到有，从穷到富，见证了闽宁对口扶贫协作的巨大成就，探索出了易地搬迁扶贫的新路子，成为中国特色开发式扶贫的一大创举和成功典范。

主持人：谢谢艾四林教授给我们带来的解读。闽宁镇二十年的发展变化，让我们真切地体会到了习近平总书记说的，全面实现小康，少数民族一个都不能少、一个都不能掉队。我们就是要以人民为中心来发展，就是要让全体人民共享改革开放的成果，这就是中国共产党人在新时代发出的时代强音，作出的庄严承诺。

二、什么是共享？

艾四林： 共享发展内涵十分丰富，也非常深刻。那么什么是共享？我们该怎么去把握呢？我们从习近平总书记的论述当中，可以从四个方面来加以把握。

第一，共享是全民共享。这是就共享覆盖的人群而言的，共享是全体人民的共享。习近平总书记强调："共享发展是人人享有、各得其所，不是少数人共享、一部分人共享。"①全面建成小康社会，一个人不能少，一个民族不能少，一个地区也不能少。

在这里，我想给大家举一个发生在西藏自治区日喀则市的例子。2017年，一条医疗"天路"被打通，远在4000多公里之外的上海医生，通过远程医疗平台，直接给西藏自治区日喀则市的患者诊治病情，让当地的老百姓共享一流的医疗资源。

西藏自治区日喀则市位于青藏高原西南部，平均海拔4000米以上，世界最高峰珠穆朗玛峰位于其境内，这里高原特色疾病高发，受困于恶劣的自然环境，许多患者无法得到

---

① 习近平：《习近平谈治国理政》第二卷，外文出版社2017年版，第215页。

及时救治。

艾四林：目前，西藏地区已经有12家区、地市、县三级医院，与内地北京、上海、广州等医院建立了远程医疗会诊平台，实现了影像、超声、心电、病理等多学科远程诊断。

> 　　德吉措姆，9岁，发育性髋关节脱位患者，几年前在上海完成手术。2019年9月16日，她在日喀则市人民医院进行一场特殊复诊。远在上海的专家为德吉措姆进行了一场跨越几千公里的远程会诊。
>
> 　　"格桑花之爱"医疗帮扶项目，帮助西藏日喀则地区很多有发育性髋关节脱位的孩子恢复了健康。到目前为止，爱心手术例数突破数百例；术后最长随访时间超过3年，患儿术后均获得良好功能，回归正常生活。德吉措姆就是其中一位得到治愈的孩子。

主持人：格桑花盛开在藏族人民心中是人间最美丽的风景，而更多西藏的孩子、更多偏远地区的孩子都能够享受到优质的医疗资源，都能够健康、活泼地成长，这是新时代中国特色社会主义最美丽的风景。我们一起努力！

艾四林：刚才听了德吉措姆的故事，我也非常感动，这场跨越4000多公里的远程医疗，不仅改变了德吉措姆个人的命运，也是对全民共享的一个生动诠释。这是共享发展的第一个层面，就是全民共享。

第二，共享是全面共享。这是就共享领域而言的，共享不是单个领域，而是全领域、全方位的共享。习近平总书记指出，共享发展就要共享国家经济、政治、文化、社会、生态文明各方面建设成果，全面保障人民在各方面的合法权益。

共享发展的内涵十分丰富，除了刚才我们讲的全民共享、全面共享，还有什么呢？第三，共享是共建共享。这是就共享的实现途径而言的。习近平总书记指出，共建才能共享，共建的过程也是共享的过程。所以我们在讲共享发展的时候，一方面强调要人人享有，另一方面又要求人人参与，人人尽力。

第四，共享是渐进共享。这是就共享发展的进程而言的。共享不是一蹴而就的，而是有一个过程。习近平总书记指出，一口吃不成胖子，共享发展必将有一个从低级到高级、从不均衡到均衡的过程。对于我们的脱贫目标，既不能够调低目标、降低目标，也不能拔高目标、吊高胃口，不能做超越发展阶段的事情。

上面我从全民共享、全面共享、共建共享、渐进共享四个方面，对共享的内涵做了一些讲述。我想，这四个方面是一个有机的整体，只有从系统上、整体上去把握，才能深刻地把握共享发展的深刻内涵。

三、怎样实现共享?

主持人: 谢谢艾四林教授从多个层面、多个维度为我们解读了共享发展理念的丰富内涵。我们说,全民共享、全面共享、共建共享、渐进共享理念最终是要落地的,我们要实现共享。那么在新时代,我们如何才能真正实现让改革发展的成果与全体人民共享呢?

艾四林: 落实共享发展理念,要发扬钉钉子的精神,持之以恒,只有这样,我们才能够结出丰硕的共享成果。那么怎样能实现共享?

习近平总书记讲,落实共享发展理念,措施、任务很多,但归结起来,主要就是两个层面的事:一是做大"蛋糕",二是分好"蛋糕"。

我先说做大"蛋糕"。共享发展,发展是前提,是条件,没有发展就没有共享。习近平总书记讲,社会主义是干出来的,新时代也是干出来的。所以要分"蛋糕",首先是要做"蛋糕";要分好"蛋糕",首先要做大"蛋糕"。

大家也许会说,经过40多年的改革开放,我们国家这块"蛋糕"已经够大,我们现在已经是世界第二大经济体。但我们必须清醒地认识到,我们的"蛋糕"还不够大,我们的"蛋糕"也不够好。没有发展,一切都是空谈。

我再说分好"蛋糕"。习近平总书记为什么要强调分好

"蛋糕"？做大"蛋糕"不容易，分好"蛋糕"更不容易。怎样能做到这一点呢？一是要扩大中等收入人群；二是要加大对贫困群众的帮扶力度，坚决打赢贫困人口的脱贫攻坚战。

2017年新年贺词中，总书记说了一段深情的话。习近平总书记讲："新年之际，我最牵挂的还是困难群众，他们吃得怎么样、住得怎么样，能不能过好新年、过好春节。"

全面建成小康社会，我们更要加大力度对贫困人口帮扶、对贫困地区帮扶，让他们尽快地、如期地脱贫，和全国人民一道走进全面小康，我想这是我们的责任。

共享是门大学问。在社会主义中国，共享是我们矢志不渝的追求目标，共享是我们发展的出发点和落脚点。发展为了你我，发展成果由你我共享，发展更需要你我同心协力。人人参与、人人尽力、人人享有，必能汇集成实现中华民族伟大复兴中国梦的磅礴力量。

谢谢大家！

主持人：非常感谢本期节目的思想解读人艾四林教授、经典释义人杨雨教授带来的精彩讲解。习近平总书记说过，让每个人共享国家发展的红利，让每个人同享梦想成真的机会。"一花独放不是春，百花齐放春满园。"我们要全面建成小康社会，一个都不能少，一个都不能掉队。未来，我们还将实现第二个百年奋斗目标，实现中华民族伟大复兴的中国梦，共享成果就要共同奋斗。

2021年2月27日，担任中央电视台综合频道播出的《平"语"近人——习近平喜欢的典故》（第二季）第9集《百花齐放春满园》的思想解读人

7

吹响了我们党引领当代中国"由富到强"的前进号角，树起了大国崛起的丰碑①

《中共中央关于党的百年奋斗重大成就和历史经验的决议》以"中华民族迎来了从站起来、富起来到强起来的伟大飞跃"深刻总结新时代党和国家事业取得的历史性成就、发生的历史性变革。站起来、富起来和强起来之间是怎样的关系？如何理解坚持党的全面领导与"强起来"的关系？实现建成社会主义现代化强国的宏伟目标，应从"强起来"的伟大飞跃中汲取怎样的经验？围绕这些问题，本报记者专访了清华大学习近平新时代中国特色社会主义思想研究院院长、马克思主义学院院长、教育部长江学者特聘教授艾四林。

---

① 《湖北日报》2021年11月26日，访谈记者程曼诗。

一、站起来、富起来和强起来，体现了历史的连续性、统一性和阶段性、差异性有机统一

记　者：《中共中央关于党的百年奋斗重大成就和历史经验的决议》以"中华民族迎来了从站起来、富起来到强起来的伟大飞跃"深刻总结新时代党和国家事业取得的历史性成就、发生的历史性变革。"强起来"的内涵如何理解？站起来、富起来和强起来之间是怎样的关系？

艾四林："强"的内涵，是多维度的，主要指国家富强、民族振兴、人民幸福。国家富强，就是全面建成富强、民主、文明、和谐、美丽的社会主义现代化强国；民族振兴，就是实现中华民族伟大复兴；人民幸福，就是不断创造人民的美好生活、实现全体人民的共同富裕。"起来"则体现了过程性，无论是全面建成社会主义现代化强国，还是实现中华民族伟大复兴，还是不断创造人民的美好生活、实现全体人民的共同富裕，都不是一蹴而就的，而是一个历史过程。根据新时代中国特色社会主义发展两步走战略安排，到本世纪中叶，我国物质文明、政治文明、精神文明、社会文明、生态文明将全面提升，实现国家治理体系和治理能力现代化，成为综合国力和国际影响力领先的国家，全体人民共同富裕基本实现，我国人民将享有更加幸福安康的生活，中华民族将以更加昂扬的姿态屹立于世界民族之林。

站起来、富起来和强起来，体现了历史发展的辩证法，即历史的连续性、统一性和阶段性、差异性有机统一。站起来、富起来和强起来的连续性、统一性，体现在前者为后者奠定基础和创造条件，后者是对前者的继承发展，体现在实现中华民族伟大复兴的主题中。一百年来，中国共产党团结带领中国人民进行的一切奋斗、一切牺牲、一切创造，归结起来就是一个主题：实现中华民族伟大复兴。站起来、富起来和强起来的阶段性、差异性，体现在不同历史时期的不同历史任务中。新民主主义革命时期，党面临的主要任务是，反对帝国主义、封建主义、官僚资本主义，争取民族独立、人民解放，为实现中华民族伟大复兴创造根本社会条件。社会主义革命和建设时期，党面临的主要任务是，实现从新民主主义到社会主义的转变，进行社会主义革命，推进社会主义建设，为实现中华民族伟大复兴奠定根本政治前提和制度基础。改革开放和社会主义现代化建设新时期，党面临的主要任务是，继续探索中国建设社会主义的正确道路，解放和发展社会生产力，使人民摆脱贫困、尽快富裕起来，为实现中华民族伟大复兴提供充满新的活力的体制保证和快速发展的物质条件。党的十八大以来，中国特色社会主义进入新时代，党面临的主要任务是，实现第一个百年奋斗目标，开启实现第二个百年奋斗目标新征程，朝着实现中华民族伟大复兴的宏伟目标继续前进。

站起来、富起来和强起来是既相互联系又相互区别的有机整体。因此，不能将站起来、富起来和强起来割裂开来，更不能相互否定。

二、三个"更为"体现了发展性，也体现了继承性

记　者：《决议》指出，新时代党领导人民创造的伟大成就，"为实现中华民族伟大复兴提供了更为完善的制度保证、更为坚实的物质基础、更为主动的精神力量"。如何理解这三个"更为"？

艾四林：这三个"更为"精辟概括了新时代中国特色社会主义伟大成就对实现中华民族伟大复兴的重大意义。"更为完善的制度保证、更为坚实的物质基础、更为主动的精神力量"，这里的"更为"，体现了发展性，也体现了继承性。没有前面几个历史时期奠定的坚实基础、创造的有利条件，"更为"就无从谈起。同样，没有党的十八大以来的党领导人民自信自强、守正创新，推动党和国家事业取得历史性成就、发生历史性变革，"更为"也就谈不上。

实现中华民族伟大复兴，必须有坚定的制度保证。新中国成立后，我们党领导人民进行社会主义革命，建立社会主义制度，实现从新民主主义到社会主义的转变，为实现中华民族伟大复兴奠定根本政治前提和制度基础。在改革开放和社会主义现代化建设时期，我国实现了从高度集中的计划经济

体制到充满活力的社会主义市场经济体制、从封闭半封闭到全方位开放的历史性转变，为实现中华民族伟大复兴提供充满新的活力的体制保证。党的十八大以来，以习近平同志为核心的党中央坚持和加强党的全面领导，推动各方面制度更加成熟更加定型，中国特色社会主义制度更加完善，国家治理体系和治理能力现代化水平明显提高，为实现中华民族伟大复兴提供了更为完善的制度保证。

没有坚实的物质基础，就没有中华民族伟大复兴。社会主义革命和建设时期，我国建立起独立的比较完整的工业体系和国民经济体系，农业生产条件显著改变，积累了一定物质条件。从1978年到2012年，我国国内生产总值年均增长9.8%，中国的经济总量于2010年居世界第二位，经济总量占世界的份额由1978年的1.8%提高到2012年的11.5%，为实现中华民族伟大复兴提供了快速发展的物质条件。党的十八大以来，中国经济实力、科技实力、综合国力和人民生活水平跃上了新的大台阶，2020年，我国GDP突破100万亿元，经济总量占全球经济比重超过17%，稳居世界第二大经济体，人均GDP超过1万美元，在中华大地上全面建成小康社会，困扰中华民族几千年的绝对贫困问题得到历史性解决，这些成就为实现中华民族伟大复兴奠定了更为坚实的物质基础。

实现中华民族伟大复兴，离不开精神上的主动。1921年中国共产党应运而生，从此，中国人民谋求民族独立、人民解放和国家富强、人民幸福的斗争就有了主心骨，中国人民就从精神上由被动转为主动。一个民族的复兴，需要强大的物质力量，也需要强大的精神力量。党的十八大以来，以习近平同志为主要代表的中国共产党人，坚持把马克思主义基本原理同中国具体实际相结合、同中华优秀传统文化相结合，创立了习近平新时代中国特色社会主义思想。习近平新时代中国特色社会主义思想是当代中国马克思主义、二十一世纪马克思主义，是中华文化和中国精神的时代精华，实现了马克思主义中国化新的飞跃。人民有信仰，国家有力量，民族有希望。文化自信是更基础、更广泛、更深厚的自信，是一个国家、一个民族发展中最基本、最深沉、最持久的力量。党的十八大以来，我们党坚持马克思主义在意识形态领域的指导地位，坚持用习近平新时代中国特色社会主义思想武装全党、教育人民，坚持以社会主义核心价值观引领文化建设，注重用社会主义先进文化、革命文化、中华优秀传统文化培根铸魂，我国意识形态领域形势发生全局性、根本性转变，全党全国各族人民文化自信明显增强，全社会凝聚力和向心力极大提升，为实现中华民族伟大复兴提供了坚强思想保证和强大精神力量。

三、"强起来"必须坚持党的全面领导

记　者：《决议》总结开创中国特色社会主义新时代的13个方面历史性成就、历史性变革，第一条就是"党的全面领

导"。如何理解坚持党的全面领导与"强起来"的关系？

艾四林：历史和现实告诉我们，中国共产党的领导是中国、中国人民、中华民族的一大幸事。正是中国共产党领导人民，经过二十八年浴血奋斗，成立了中华人民共和国，实现了民族独立、人民解放，中国人民从此站起来了，中华民族任人宰割、饱受欺凌的时代一去不复返了。正是中国共产党领导人民，推进社会主义现代化建设，使我国实现了从生产力相对落后的状况到经济总量跃居世界第二的历史性突破，实现了人民生活从温饱不足到总体小康、奔向全面小康的历史性跨越，推进了中华民族从站起来到富起来的伟大飞跃。

没有党的全面领导，实现中华民族伟大复兴也是空想。全面建成小康社会，实现了第一个百年奋斗目标，今天，我们比历史上任何时期都更接近、更有信心和能力实现中华民族伟大复兴的目标。同时，必须清醒认识到，中华民族伟大复兴绝不是轻轻松松、敲锣打鼓就能实现的，前进道路上仍然存在可以预料和难以预料的各种风险挑战。中国共产党是中国人民和中华民族的"主心骨"，中国共产党领导是我们战胜一切困难和风险的"定海神针"。党的领导是党和国家的根本所在、命脉所在，是全国各族人民的利益所系、命运所系。坚持党的全面领导和"强起来"是正向关系。实现中华民族"强起来"，必须有力保证党中央权威和集中统一领导，不断完善党的领导制度体系，增强党的政治领导力、思想引领力、群众组织力、社会号召力，让党的全面领导更加坚强有力。

四、牢记"中国共产党是什么、要干什么"这个根本问题

记　者：现在，党团结带领中国人民又踏上了实现第二个百年奋斗目标新的赶考之路。实现建成社会主义现代化强国的宏伟目标，应从"强起来"的伟大飞跃中汲取怎样的经验？

艾四林：以史为鉴，开创未来。历史是最好的教科书，告诉人们，应该做什么；历史是最好的清醒剂，告诉人们，不应做什么。百年党史是最生动最有说服力的教科书。《决议》从十个方面概括了党领导人民百年奋斗积累的宝贵历史经验。从这些历史经验中，看清楚了过去我们为什么能够成功、弄明白了未来我们怎样才能继续成功。因此，在实现第二个百年奋斗目标新的赶考之路上，我们要牢记"中国共产党是什么、要干什么"这个根本问题，坚持并在新时代实践中不断丰富和发展党百年奋斗积累的宝贵历史经验。

坚定理想信念。马克思主义信仰、共产主义远大理想、中国特色社会主义共同理想，是中国共产党人的精神支柱和政治灵魂。党确立习近平同志党中央的核心、全党的核心地位，确立习近平新时代中国特色社会主义思想的指导地位，对新时代党和国家事业发展、对推进中华民族伟大复兴历史进程具有决定性意义。在新征程上，必须用习近平新时代中国特

色社会主义思想武装头脑、统一思想，凝聚力量、推动实践。必须始终坚持马克思主义信仰、共产主义理想和社会主义信念，汇聚起新时代中华民族"强起来"的强大精神力量。

坚持以人民为中心。人民就是江山，江山就是人民。要永远保持同人民群众的血肉联系，站稳人民立场，坚持人民主体地位，尊重人民首创精神，践行以人民为中心的发展思想，维护社会公平正义，着力解决发展不平衡不充分问题和人民群众急难愁盼问题，不断实现好、维护好、发展好最广大人民根本利益，团结带领全国各族人民不断为美好生活而奋斗。不断增强的获得感、幸福感、安全感，就能激发人民奋力实现第二个百年奋斗目标的积极性、主动性、创造性，催生人民奋力实现第二个百年奋斗目标的责任感、使命感、荣誉感，汇聚起新时代中华民族"强起来"的磅礴力量。

坚持和完善中国特色社会主义制度。坚持和完善中国特色社会主义制度、推进国家治理体系和治理能力现代化，是关系党和国家事业兴旺发达、国家长治久安、人民幸福安康的重大问题。必须把制度建设摆到更加突出的位置，加快我国制度建设步伐，显著提高国家治理体系和治理能力现代化水平，到2035年基本实现国家治理体系和治理能力现代化，到本世纪中叶实现国家治理体系和治理能力现代化，为新时代中华民族"强起来"提供更强大的制度保证。

坚持实干兴邦。我国仍处于并将长期处于社会主义初级阶段,我国仍然是世界最大的发展中国家,社会主要矛盾是人民日益增长的美好生活需要和不平衡不充分的发展之间的矛盾。发展仍然是我们党执政兴国的第一要务,仍然是解决一切问题的基础和关键。因此,要立足新发展阶段、贯彻新发展理念、构建新发展格局、推动高质量发展。社会主义是干出来的,中华民族伟大复兴也是干出来的。实现美好蓝图不可能一蹴而就,需要一代代人接续奋斗。只要我们继续撸起袖子加油干,全面建成社会主义现代化强国的目标、中华民族伟大复兴的中国梦一定能够实现。

8 如何认识社会主要矛盾的转化，解决社会主要矛盾^①

党的十九大报告指出：中国特色社会主义进入了新时代，我国社会主要矛盾已经转化为人民日益增长的美好生活需要和不平衡不充分的发展之间的矛盾。围绕如何认识社会主要矛盾的转化、解决社会主要矛盾，本台记者专访了清华大学习近平新时代中国特色社会主义思想研究院院长、马克思主义学院院长艾四林。

一、认识社会主要矛盾，围绕"人民美好生活需要"做文章

记　　者：认识新旧矛盾的转化，为什么对一个国家来说这么重要？在我理解，就像一个人，他刚出生的时候，主要矛盾就是能不能快快长大；上学的时候，是读书能不能快快进步；长大以后就是能不能好好工作，从而来服务家庭、报效国家；老

---

① 中央人民广播电台《经济之声》2017年12月19、20、21日播出，访谈记者陈爱海。

年的时候，主要矛盾就是身体能不能很好地保养，能不能颐养天年。一个社会的主要矛盾就像一个人在不同的阶段有最重要的事情一样。

艾四林：我们党有一个优良的传统，就是抓工作首先抓主要矛盾。通过抓主要矛盾来推动我们党和国家的发展。我们对主要矛盾认识正确，就会推动我们的工作进展更加顺利；对主要矛盾认识不清晰，甚至错误，往往会对我们党和国家造成很大损失。

主要矛盾是管全局、管长远、管战略的。不仅跟我们国家前途命运相关，也和每一个人未来的发展相关。改革开放近四十年来，我们对主要矛盾的新的判断，对我们国家意味着什么？它将使我们国家面貌发生翻天覆地的变化，同时在某种意义上，可能会改变很多人的命运。我们出生在20世纪60年代的这辈人感触很深，如果我们没有在主要矛盾认识基础上的党和国家工作重点的转移，没有把主要精力放在发展和解放生产力这个根本任务上来，没有这个大的环境，恐怕我们这辈很多人都上不了大学，上了大学恐怕也没有展示的舞台。

要解决不均衡、不平衡性的问题，我们面临一个重大的攻坚战——精准脱贫，这是涉及很多人幸福感的问题。在未来三年当中，我们要打赢这场精准脱贫攻坚战。还有环境污染的整治问题，这也是解决不平衡不充分发展的一个重要攻坚战，是影响人们满意度、幸福感很重要的方面。如果我们打赢这个攻坚战，就意味着我们将重获蓝天白云。总体来说，认识社会主要矛盾，要围绕人民美好生活的这个需要来做文章，然后考虑去解决具体的问题。

二、解决社会主要矛盾注重满足"硬需要"，更注重满足"软需要"

记　者：认识社会的主要矛盾，事关党和国家事业发展的全局，也事关我们每一个人的命运和前途，还有我们的幸福感。民间有一句话：能用钱解决的问题都是小问题，套用到我们正在说的社会主要矛盾的转化来说，就是物质文化需要是比较具体的，比较明确的。美好生活的需要，当然首先是物质文化的需要要得到满足，然后还增加很多我们感觉相对不具体、并不是一下子说得清楚的需求。你比如说公平正义，到底什么样的社会是公平正义的？有些人觉得现在就挺好的了，挺公平正义的，有些人说还差得远呢；还有像您刚才提到的更好的教育、更优美的环境，都是这样，解决起来可能就会难得多。

但是另一方面，经过这么多年的努力，我们的物质基础是大大的牢靠了，我们的国家治理能力也大大地增强了，跟以前相比，我们也认识得更加到位。在这个一正一反两方面的力量和背景下，您觉得解决新时代的社会主要矛盾，是会更难呢，还是说相对容易一些？

艾四林：这个很难用难易来概括。我们解决发展起来后所面临的问题，不会比解决发展起来前那个时候的问题更容易。物质的需要是一种"硬需要"，而像公平和正义等，这些需要是一种"软需要"。

记　者："硬需要"给钱就行了，"软需要"给钱不一定有用。

艾四林：对，所以要解决这个新的矛盾，第一还是要坚持新的发展理念，发展是解决我们国家一切问题的基础和关键。第二，在这个基础上，要解决不平衡不充分的问题，恐怕还要坚持它的发展的基本的价值取向：一个就是坚持以人民为中心。我们发展究竟为谁？为什么发展？我们要GDP，为什么要这样的GDP？我们不是为了简单追求物，而是追求人的一种发展，所以一定是以人民为中心的一种发展，把人民的幸福、人民的满意度放在一切工作的出发点和落脚点上。第二个价值目标就是要追求社会的全面发展，我们所说的现代化，也不仅仅是经济的现代化，它应该是政治的、文化的、生态的、党的建设等各个方面的现代化。

我们不仅要做大蛋糕，还要分好蛋糕，整个社会走向共同的富裕，老百姓才能看得见、摸得着。你说美好生活是什么？让老百姓生活在这样一个真正的自由全面发展的社会里，这个时候老百姓应该是最幸福，最满足的，也是最富足的。社会主义优越性就充分地体现出来了。

三、社会主要矛盾转化，反映时代发展大逻辑

记　者: 改革开放以来，到党的十九大之前，我们对社会主要矛盾的判断是人民日益增长的物质文化需要同落后的社会生产之间的矛盾。直到党的十九大做出新的重要判断: 社会主要矛盾已经转化为人民日益增长的美好生活需要和不平衡不充分的发展之间的矛盾。

如果要对这个变化做一个对比的话，说得通俗一点，就是"我想要什么"和"你能给什么"之间的矛盾。从变化的字面上看，有三个不一样: 第一就是"物质文化"变成了"美好生活"；第二，"落后的"变成了"不平衡不充分的"；第三就是"生产"变成了"发展"，而没有说"不平衡不充分的生产"。这种变化，其中有什么样的深意？

艾四林: 进入新时代，我们对当前社会主要矛盾做出了重大的判断，就是由过去的人民日益增长的物质文化需要同落后的社会生产之间的矛盾，转化成了人民日益增长的美好生活需要和不平衡不充分的发展之间的矛盾。这个变化具有时代性，具有开创性，也指明了我们今后工作的方向。这里面的变化，主要体现在几个方面:

从"物质文化"变成了"美好生活"，比如说我们改革开放初期，大家可能只是从无到有的过程，经过这四十年的过程，已经是"从有到好"，到了今天应该是"从好到优"的发展

过程。人们的需要的广度也在变化，原来我们更多关注的是物质层面的需要、文化层面的需要，现在我们不仅仅是关注这两方面的需要，更多关注的是社会需要。

那第二个变化，就是从"落后的"变成"不平衡不充分的"。这是什么原因？原来我们在改革开放初期，用"落后"来概括我们的社会生产，我觉得是恰如其分的。但是经过近四十年的改革开放，我们现在的经济总量稳居世界第二，而且把第三、第四甩得很远。在这个情况下，如果我们再说我们社会生产还"落后"，一个是与现实的情况不符合，另一方面也无助于我们"中国制造"在世界上的声誉。现在我们的高铁已经走向世界，已经非常厉害。你如果还戴个"落后的社会生产"的帽子，我觉得这无助于我们"中国制造"的对外推广。所以在这个时候，把"落后的"这几个字去掉，应该是我们中国人的一个心声。"不平衡"是指地区之间不平衡、行业之间不平衡、人群之间不平衡、城乡之间不平衡。"不充分"就是发展不足，我们有的地区的生产力水平还是相对比较低的。

用"发展"来取代"生产"，第一个，"生产"是中性的表达，"发展"是向上向好的一个方向性的表达；第二个就是，"生产"往往是一种比较狭义的表达方式。如果"生产"是对应物质文化，这个没有问题。但是"生产"对应"美好生活"显然不够，窄了。"美好生活"讲的不仅仅是物质的需要，不仅仅是文化的需要，还有更高层次的精神需要，还有社会的需要，有公平的、正义的，各个方面的需要，这就是发展问题，而不是一个简单的生产问题。

所以我觉得这个社会主要矛盾的变化，反映了我们整个社会发展的大的逻辑。

记　　者：大概总结一下，为什么是从"物质文化"到"美好生活"，就是说我们以前可能吃饱穿暖就够了，现在是要吃好，而且要穿美。另外，还有个人尊严和价值的实现，还有包括对美好环境的追求。以前能吃饱了，我管它什么雾霾呢。这一点我在北京这么多年感受还挺深刻。2008年奥运会之前，其实北京很少看见星星，很少看见蓝天白云，但是那时候我们很少说每天都看看今天天气怎么样，有没有雾霾。但现在不一样了，吃饱穿暖以后要求更高了，现在还要蓝天白云，还要干净的水，还有和谐的人际关系。"生产"搞好了，可以满足物质文化的需要，但是如果不"发展"的话，这个美好生活的需要还是满足不了的。

2017年12月19日，与中央人民广播电台《经济之声》首席评论员陈爱海对话

9 为人类对更好社会制度的探索提供中国方案①

　　习近平总书记在庆祝中国共产党成立95周年大会上指出，"中国共产党人和中国人民完全有信心为人类对更好社会制度的探索提供中国方案"。②提出中国方案的时代背景和重大意义是什么？提出中国方案有何理论和实践依据？中国方案有哪些特色和优势？如何构建话语体系以增强中国方案的传播效果？围绕这些重大理论和实践问题，本报进行了专访。

一、提出中国方案的时代背景和重要意义

　　记　　者: 习近平总书记指出，"中国共产党人和中国人民完全有信心为人类对更好社会制度的探索提供中国方案"。如何理解提出中国方案的时代背景和重要意义？

---

① 《学习时报》2016年8月29日，访谈记者白世康。
② 习近平:《习近平谈治国理政》第二卷，外文出版社2017年版，第37页。

艾四林: 中国方案的提出是中国对世界现代制度文明新贡献的宣示。中国方案实质上是一种现代政治文明方案, 也可以说是一种现代化方案。如何实现现代化? 现成的模式就是西方经验和方案。应该讲, 西方发达国家作为世界上最早实现现代化的国家, 为人类文明的进步作出了贡献。一些追求现代化的国家因此视西方方案为目标, 西方发达国家长期以来也习惯了站在现代制度文明的制高点上, 充当起祖师爷。新中国成立以来, 特别是改革开放以来, 我国在充分吸收世界各国优秀文明成果的基础上, 探索出了一条不同于西方的现代化道路, 这就是在中国特色社会主义道路上实现现代化。中国方案作为一种新的现代化方案、新的现代文明形态, 打破了西方对现代化的话语垄断, 破灭了西方中心主义的神话, 也宣告了历史终结论的破产。中国方案无疑为走向现代化而又陷入西方现代化迷思的国家, 提供了可选择的方案。

二、提出中国方案的理论依据和实践依据

记　者: 习近平总书记指出, "全党要坚定道路自信、理论自信、制度自信、文化自信。当今世界, 要说哪个政党、哪个国家、哪个民族能够自信的话, 那中国共产党、中华人民共和国、中华民族是最有理由自信的"。如何理解提出中国方案的理论依据和实践依据?

艾四林: 我们的自信是对自身历史的高度自觉和充分认

可。中国为何能在如此短的时间取得巨大的成就、创造举世罕见的发展奇迹？中国成功的最根本原因就在于我们既没有走封闭僵化的老路，也没有走改旗易帜的邪路，而是走符合我国国情、具有中国特色的发展道路。对30多年的改革开放史，没有这样的正确认识，就不可能有坚定的自信。当然，我们的自信也是在比较中确立的。30多年来，我国经济实力、科技实力、国防实力、国际影响力不断攀上一个个大台阶，国家的面貌、人民的面貌发生了翻天覆地的变化。这无疑充分彰显了中国特色社会主义制度的独特优势。而一些国家盲目地照搬照抄西方经验和政治制度，不但没有带来所希望的繁荣发展，反而造成国内动荡，社会陷入冲突和内乱，民众饱受贫困、战乱和饥荒之苦。事实说明，"鞋子合不合脚，自己穿着才知道"。

三、中国方案的鲜明特色和制度优势

记　者：习近平总书记指出，"我们要坚信，中国特色社会主义制度是当代中国发展进步的根本制度保障，是具有鲜明中国特色、明显制度优势、强大自我完善能力的先进制度"。[①]如何理解深刻认识中国方案的鲜明特色和制度优势？

艾四林：中国特色社会主义制度具有三个方面的优势。

---

① 习近平：《习近平谈治国理政》第二卷，外文出版社2017年版，第36页。

一是有效性。中国特色社会主义制度的明显优越性是集中力量办大事，能够实现人类历史上的伟大创举，这是我们成就事业的重要法宝。二是人民性。一切为了人民、一切相信人民、一切依靠人民，全心全意为人民谋利益，是中国特色社会主义制度的本质属性。三是公正性。公正体现了中国特色社会主义制度的本质要求。如果失去了公正，就失去了社会主义性质。在实践上，中国特色社会主义制度能够通过自身的不断完善，保障每个人都有人生出彩的机会，都有梦想成真的机会。

记　者：习近平总书记指出，"中国将积极参与全球治理体系建设，努力为完善全球治理贡献中国智慧"，"推动构建以合作共赢为核心的新型国际关系，推动形成人类命运共同体和利益共同体"。[①]如何切实强化中国方案的理论建构和传播效果？

艾四林：从总体上看，中国政治话语体系相对于我国的政治实践明显滞后，这种滞后在一定程度上导致成功的中国政治实践却没有改变国际上常挨骂的被动局面。构建中国特色政治话语体系迫在眉睫。怎样构建呢？一是要体现中国立场。西方现代政治话语中的自由、平等、民主等理念，是一个基于其独特的历史、文化的独特的思想体系，是不可能复制

---

① 习近平：《习近平谈治国理政》第二卷，外文出版社2017年版，第41—42页。

的。秉持西方中心主义的立场，用西方政治话语体系阐释中国丰富独特的政治实践，在理论上和实践上都是站不住脚的。二是要体现中国实践。离开实践的话语，是空洞的。改革开放30多年来，中国特色社会主义制度不断完善和发展，为举世瞩目的中国发展奇迹提供了根本的制度保障。中国特色政治话语体系理当要立足并反映这一伟大政治实践。三是要体现中国价值。中国方案其实质就是现代政治文明方案。它是对和平发展合作共赢的时代潮流的深刻洞察和生动表述。共赢共享无疑是其基本的价值取向。在构建中国特色政治话语体系时，还要摒弃对立思维。构建中国特色政治话语体系，不是要构建与西方政治话语体系完全对立的话语体系，而是对西方政治话语体系的超越。

10 只有全面性的改革，才能够破解每个单一问题①

党的十八届中央委员会第三次全体会议通过了《中共中央关于全面深化改革若干重大问题的决定》，我们今天节目的现场，特别邀请到了清华大学马克思主义学院院长艾四林教授，就这个《决定》进行解读。

一、《中共中央关于全面深化改革若干重大问题的决定》的重大意义

主持人：首先您看了这个《决定》之后，您有一个什么样的总体印象，跟我们说一说？

艾四林：这个《决定》我也是刚刚读完全文，我个人觉得它是中央有关全面深化改革的一个纲领性的文献，读完全文以后，我有这样三点印象。第一，问题意识特别强。这个《决定》，我觉得它是以问题为导向的，围绕的问题不仅仅是针对

---

① 中国网络电视台 2013年11月15日播出。

我们改革实践中的一些重大的、突出的、关键的要去破解的难题，也是针对我们老百姓所期盼、所希望解决的问题。所以我想这就像习近平总书记说的，我们的改革是问题倒逼式的改革。

第二，我们改革更加突出全面性。党的十一届三中全会以来，相比较而言，这个《决定》更加突出了全面性，也就是强调全面推进各个方面的改革，比如经济、政治、文化、社会、生态文明以及国防和军队改革，党的建设制度改革，等等。

在我们改革开放的初期或者中期，我们单一的改革，可能能够取得比较好的成效。但是改革发展到今天，任何一个单一式的改革，都难以破解这些疑难问题。只有这种协同性、系统性、全面性的改革，才能够破解每一个单一的问题和整体的问题，这也是它的全面性很重要的体现。

第三，经济体制改革相对于其他几个领域的改革是个重点。我想，这主要由我们国家仍然处在社会主义初级阶段这个最大的国情来决定。发展中的问题、改革中的问题、建设中的问题，主要依靠发展来解决。

我们每个领域改革的重点，它的主线也是非常明确，《决定》里面提出了六个紧紧围绕，使得这个主题更加明确、更加细化。比如说深化经济体制改革，就是要紧紧围绕着使市场在资源配置中发挥决定性的作用，这就意味着我们其他一系列经济体制方面的改革，都要紧紧围绕这样一个主线重点展开。

二、为什么还要强调改革？

主持人：这是艾院长第一时间读到这个《决定》的整体印象。这是中共中央关于全面深化改革若干重大问题的决定，我们现在改革开放30多年了，为什么这个时候这么强调改革？

艾四林：仔细想来，我想至少可以从这几个方面来看这次改革。为什么人们把它叫成再出发，改革再出发，或者新的改革？我想第一个原因就是从国际范围来看，改革应该说是目前一个国际性的潮流，也可以说是一个时代性的重大课题。我们都知道2008年金融危机在美国发生以后，很快就席卷了整个欧洲，到目前为止世界上主要的发达国家经济体，还没有完全从这个金融危机中走出来，主要经济体经济的增长，仍然是处在一个停滞或者缓慢的上升期，大多经济体的增长速度都没有超过1%。

这场金融危机就使得西方的一些政要，包括一些知识分子也开始反思西方的发展模式、西方的社会结构。所以，改革也构成了这些主要发达国家的一个转型，有的也在探索各个方面的改革。

第二，从我们国内来看，改革应该是我们国内经济社会发展的一个总体的大趋势。因为改革30多年来，我们国家累积了，应该说有各种各样的成就，这个是举世瞩目的，但同时我们也不能不看到，在累积成绩的同时，我们改革中各种问题也在不断地累积，以至我们改革进入一个关键期，改革进入到一个深水区。

改革恐怕在我们国家只有进行时，没有完成时，因为实践无止境，解放思想也是无止境，改革也是无止境的。

改革开放35年来，我们国家利益多样化，人们思想的多变性构成我们社会的基本面，这样的环境下，这样的背景下，如何形成全社会的一种共识，这是我们面临的一个很大的难题。但是在改革这个问题上，全社会恐怕没有多大的异议，无论处在什么阶层，无论有什么利益的诉求，恐怕大家都会认定改革是我们走向美好生活的一个最大的助推器。

主持人：您说到改革现在是进入了一个深水区，大家也非常关心，《决定》当中如何指引我们改革之路该怎么走？我们看到《决定》里特别强调，改革的路径是顶层设计和摸着石头过河相结合，怎么来理解这句话？

艾四林：我想这句话实际上是在某种意义上回应了最近几年有关改革路径选择方面的一些争论。改革30多年来，我个人觉得一个非常成功的经验，就是我们坚持了实践为导向，就是坚持了摸着石头过河。中国的这个探索，中国的这个建设，它是一个崭新的世界，一个新探索，没有任何成功的经验可以复制、可以模仿，所以只能在实践当中去开创、去建设，这就注定了我们这场改革它一定是在实践当中丰富和完善的。所以，摸着石头过河是我们成功的经验，今后我们要坚持这条经验，不能放弃。

但同时改革已经进入一个深水区，已经进入一个关键期，所以我们容不得任何的失误。这个时候更加理性的一种改革，更加按照改革规律进行改革，恐怕也成为我们社会的一个共识。

如何总结好我们改革35年来一些成功的经验，结合这些经验，我们更加重视一些顶层的这种设计，这样使得我们的改革更有规律性，这个也是非常重要的。

所以，党中央为此成立了中央全面深化改革领导小组，也是为了加强顶层的、宏观的这种设计，我想这两个方面的结合，才能够更好地使我们的改革走得既大胆又稳妥。

主持人：我看到有人可能有这样的疑问，我们现在发展到今天，经济处在这样高速发展的状态，有了顶层设计这样很好的指引是不是可以了，为什么还要和摸着石头过河这样老的话题相结合，这个必要在哪里？

艾四林：因为我想《决定》里面也写得很清楚，实践是无止境的，我们的顶层设计是一个理论性的设计，理论是来自于实践的，我想没有任何一个人，他能够单靠自身的思维、单靠自身的想法就把这个方案设计得好。

我们改革35年的经验说明了这一点，我想以后的经验也能够同样证明这个道理。理论来自实践，当然我们顶层设计反过来指导我们的实践，这两者之间一定是有关系。理论和实践是相互依赖和相互促进的作用，这是无数事实所证明的。

我们之所以强调这个摸着石头过河，就是强调我们的实践探索，强调人民的主体作用。如果没有千千万万的老百姓参加，没有千千万万老百姓实践大胆的探索，我想我们顶层设计再完美，它也不可能取得成功。那么这种顶层设计没有实践的结合，它只能是一个空中楼阁，是一个没有坚实基础的东西。

主持人： 所以改革之路上二者缺一不可。

艾四林： 没错。

三、如何理解全面深化改革的总目标？

主持人：《决定》当中提到全面深化改革的总目标，说到要完善和发展中国特色社会主义制度，推进国家治理体系和治理能力现代化，总目标当中提到的这两句话怎么解读？

艾四林： 我觉得非常深刻，很值得我们认真把握。第一句话来讲，总目标"完善和发展中国特色社会主义制度"，我想有几点值得注意。第一，表明了这是全面深化改革的方向，我想改革毫无疑问它有一个方向，35年成功的改革实践，经验之一就是我们始终坚持了改革的正确方向。我想这一句话就回应了我们很多人的一种关切，我们改革举什么旗、走什么路，我们的改革是要完善和发展中国特色社会主义制度，而不是别的。所以我们的《决定》里面再一次强调，我们既不走封闭僵化的老路，也不会走改旗易帜的邪路。

第二，实际上这句话突出了制度建设，制度建设也许在改革开放初期还显得不那么突出，可能更多的是一种道路的探索，沿着道路探索形成理论上的一种创新。但是改革到了今天的时候，恐怕要把我们改革当中所形成的一些比较成熟的经验，加以总结、加以提炼、加以固化。

我想，改革开放30多年取得了很大的成绩，但同时也出现了一些问题，仔细想来，这些问题的出现不是说是不正常的事情，但至少它们给我们提了醒。就是我们改革过程当中，如果不把成熟的想法、做法制度化，会使得我们改革的预期不确定，这种不确定就使得整个社会、人们心理上产生不安宁，更严重一点说，产生一种社会上很多人的投机心理。

我想改革，一个好的改革或者一个成功的改革，一定是要给人一个相对确定的预期，而一个制度的建设，它恰恰能够保证这个预期。正是因为这样，我想我们现在更加高度重视我们制度的完善和发展，就是在情理之中的。

第三，总目标实际上回应了邓小平在1992年南方谈话里面提到的一个问题，就是他说恐怕再要30年的时间，我们才会在各个方面，形成一套更加成熟、更加定型的制度，那么正好我们这个《决定》提出要到2020年，我们要形成系统完备、科学规范、运行有效的制度体系，使各项制度更加完善。我想这也是对邓小平同志期待的一个回应。

主持人：您这样的解读也让我们对《决定》当中制度这个关键词有了更好的理解。

艾四林：总目标"推进国家治理体系和治理能力现代化"，我想这里面有一个方面、一个关键词，我们要注意。这就是用治理取代管理，它其中一个含义就是反映了国际性的国家治理的经验。因为现在整个国际化大的背景下，社会主体的多样性、市场主体的多样性已经成为大的趋势，光靠国家行政权力在治理当中起作用，已经远远不够了。有的思想家提出来，在全球化的背景下，是不是需要有一个没有政府的世界性治理，也就是更好地发挥市场、发挥社会、发挥公民本身这种治理能力。我觉得整个的世界发展趋势没到这一步，国家主权仍然是现代社会最基本的特征。

四、怎样理解政府和市场的关系？

主持人：这个《决定》当中，说发挥市场在资源配置中的决定性的作用，使政府和市场的关系有了进一步明确的这样一个说法，那么同时又要请您把这句话进行解读了，市场在资源配置中的决定性作用是什么意思？是不是政府被削弱了？

艾四林：讲市场在资源配置中的决定性作用，但不是市场在国家经济社会中的决定性作用，我想这个含义还是不一样。实际上这句话就是说，要理顺市场和政府的关系，这个是什么意思？一个就是我们要怎么界定市场的职能和它的作用。第二个是怎么界定政府的职能和作用。不能仅仅强调政府的职责和作用，我个人觉得也要界定市场的职能和作用。我们既不能够把政府的作用加以无限放大，也不能够把市场的作用，超越经济的范畴，把它放大到社会所有的领域，我想也是要避免的。市场在资源配置中的决定性作用，这个是毫无疑问的。我们在市场和政府之间划分范围，使得它们在自己的领域里面发挥自己的作用。

政府和市场现在问题在哪儿？我们现在可以看到，政府干预市场过多，有时政府监管也不力，这是一个矛盾。那我们的改革在理顺市场和政府的关系上，力求解决政府的这两个问题。政府不能干预过多，这是第一条，不能干预过多首先明确它的职责是什么，这个《决定》非常清晰地界定了政府的职责。

这样的话，职责界定清楚以后，我们要强化它承担的职责，从一个领域的退出，恰恰是要强化它自身的领域的职责。做减法的同时，实际上是在做加法，我觉得市场也是这样，我们在做加法的同时也要做减法，在我们行政系统里面，就不能搞市场化。生活领域、社会领域也不能完全市场化，社会彻底市场化违反了社会发展的一般规律。

改革路径应该是让市场归到市场，政府归到政府，各自的职责明确、权限明确，这样我想才是一个比较合理的布局。我们不能因为强调市场，就认为市场是万能的，就能替代其他所有发挥作用的手段。我想这个要避免。

主持人：最后，请您帮我们把《决定》当中的关键词梳理一下。

艾四林：第一个关键词还是制度，第二个关键词才是全面，第三个关键词是深化，第四个关键词就是市场。

主持人：这几个关键词您刚刚都给我们进行了详细的解读。好，今天非常感谢艾院长，也感谢大家的收看，再见。

2013年11月15日，接受中国网络电视台记者专访

11 全面深化改革如何落地生根①

> "四个全面"战略布局，是读懂中国故事、读懂中国复兴的重要窗口。围绕全面深化改革如何落地生根，我们特别邀请了清华大学马克思主义学院院长、教授艾四林就"四个全面"进行解读。

一、如何看待"四个全面"战略布局？

主持人： 习近平总书记一而再地不断强调，让"四个全面"成为备受关注的"新提法"。《人民日报》也刊发了系列评论员文章，请问艾老师，您是如何看待"四个全面"的？

艾四林： 第一个就是"四个全面"是包含一个目标、三个重大举措的重大战略布局。一个目标就是到2020年全面建成小康社会。那么它有三项重大举措就是全面深化改革，全面依法治国，全面从严治党。第二个就是"四个全面"也是一

① 人民网2015年3月8日，访谈主持人张庆成。

个重要的战略思想，因为习近平总书记最近一段时间围绕着"四个全面"的基本内涵，及其逻辑关系和重大的意义进行了深入的阐述，实际上已经形成了一个相对完整的思想。所以我们认为"四个全面"既是一个重大的战略布局，也是一个重要的战略思想。

但我们在理解这个"四个全面"的时候，还要看到它并不是凭空产生的，它实际上也是继承了我们党关于小康社会、关于改革、关于依法治国、关于从严治党的思想。同时，这"四个全面"的提出，也是一个萌生、丰富和发展的过程，这个大家都很清楚。

在理解"四个全面"方面，我想还有几个问题需要解释清楚，一个就是有人把"四个全面"比作邓小平同志当年提出的"一个中心、两个基本点"。那么，这之间究竟是什么关系呢？确实"四个全面"可以通俗地表述为"一个中心、三个基本点"，一个中心就是全面建成小康社会，到2020年，我们要紧紧扭住这个中心任务，聚精会神于这个中心任务。那么围绕这个中心任务，有三个基本的"支撑点"，就是全面深化改革、全面依法治国、全面从严治党。

但是它的历史定位还有待观察，因为邓小平同志提出的"一个中心、两个基本点"是贯穿于社会主义初级阶段的基本路线方针，全面建成小康社会是阶段性的，那么"四个全面"，"一个中心、三个基本点"应该是一个重要的阶段性的战略布局。另外还有人认为，"四个全面"是马克思主义与中国实际相结合的新的飞跃，我觉得这种提法实际上涉及"四个全面"与中国特色社会主义理论体系的关系问题。大家都知道在革命、建设、改革的时期，我们党在推进马克思主义中国化方面坚持马克思主义与中国实际相结合，实现了两次历史性飞跃，形成了两大理论成果，这就是毛泽东思想和中国特色社会主义理论体系。党的十八大以来，习近平总书记围绕着治国理政一系列重大理论和实践问题提出了一系列的新思想、新观点、新论断。其中，最受人关注的是"中国梦"和"四个全面"，可以说"中国梦"和"四个全面"是习近平总书记着眼于坚持和发展中国特色社会主义提出的重大战略思想。因此，"中国梦"和"四个全面"为中国特色社会主义理论体系注入了新的内涵，赋予了新的时代特征。

还有一个问题，就是"四个全面"和"中国梦"这个之间是什么关系呢？我个人理解"四个全面"是"中国梦"的具体化和深化。

二、如何理解"全面深化改革"和另外三个"全面"的关系？

主持人：您是如何理解"全面深化改革"和另外三个"全面"关系的？

艾四林：有关"四个全面"之间的逻辑关系，习近平总书记实际上已经做了非常明晰的阐释，特别是从哲学的高度，对"四个全面"的关系做了深刻的揭示。我个人理解，全面深化改革和另外三个全面的关系是相辅相成、相得益彰、相互支撑的。全面深化改革是全面建成小康社会的动力，全面建成小康社会是深化改革的目标。全面建成小康社会根本上还是发展的问题，而发展的动力在于全面深化改革，全面建成小康社会作为目标引领着全面深化改革。全面深化改革也需要法治的保障，全面深化改革需要一个稳定的、和谐的、规范的社会秩序，全面依法治国同样需要不断地深化改革。那么在我们这样一个有着几千年的偏重人治传统的国家，要建成法治国家，任重道远。需要有改革的精神，不断推进我们国家的立法、司法等各方面体制的改革。全面深化改革也需要政治的保证，最大的政治保证就是中国共产党的领导，要全面从严治党也需要党的自我净化，自我完善，自我发展。

三、如何认识看待改革的几种倾向？

主持人：有人提出，要严防全面深化改革中的六种倾向："坐等改革""害怕改革""空谈改革""比划改革""异化改革""不会改革"。请问，您如何分析这六种倾向？

艾四林：全面深化改革应该讲是我们社会最大的公约数，真正反对改革的我相信是极少数。但是对改革存在着不同的理解,甚至是误解,这种现象还是存在的。因为我们这个社会已经是一个思想多样化的社会,人们基于不同的立场,不同的利益关系,对改革的认识会有所不同,所以出现了这六种甚至是七种、八种对待改革的看法。对此,既要高度重视、关注,也不宜过分夸大,高度重视就是要通过深入的理论阐释和实践推进来逐步消除这些误解,来取得社会对改革最大的共识。不要夸大化,就是我们要有信心,我们要有自信,相信支持改革的是占绝大多数的,这是我们社会的主流和共识。

主持人: 有人可能有这样的疑问,我们现在发展到今天,经济处在这样的高速发展的状态,为什么还要提深化改革? 这个必要在哪里?

艾四林: 人们对改革有各种不同的看法,我相信大多数是认识的问题。那么改革开放在我们国家也走过30多年的历程,在今天我们为什么还要强调全面深化改革? 从国际上讲,很多国家也处在一个大变革、大调整时期。国际金融危机以来,世界经济的发展仍然处在一个相对低迷的状态,欧洲等很多国家还处在金融危机的深刻影响中,如何走出国际金融危机的影响,世界很多国家都在进行经济政治的调整和变革。

从国内来讲,虽然我们国家改革开放取得了巨大的成就,但也累积了很多深层的矛盾和问题,这些问题与我们改革不够全面、不够深化有关,我们30多年的改革是一个由易到难、由点到点的改革,更多的是一种战术式的改革,当前我们改革已经进入了一个深水区和攻坚期,所以需要一种新的改革观,这就是全面深化改革观。在今天,我们党提出要全面建成小康社会,到本世纪中叶要建成富强、民主、文明、和谐的社会主义国家。那么,到建党百年时间并不长,我们任务很重,要实现这些目标,归根到底还是要靠改革。

从理论上讲,改革是当代中国最鲜明的特色,也是决定当代中国命运最关键的一招。改革开放30多年来,我们靠什么把人心凝聚起来?我们靠什么实现国家的快速发展?我们靠什么追赶西方资本主义国家?我想很重要的还是靠着改革开放。

形成改革的共识还得对改革中的一些矛盾和问题有正确的认识。改革已经搞了30多年了,在一些人那里产生了改革疲劳综合征,还有一些改革的既得利益者害怕得而复失,对改革产生了恐惧,也有些人对改革中出现的一些问题和矛盾不理解,对改革的方向产生了疑问,在这样的多样化的社会环境下如何再次把人们的改革热情点燃,这直接关系到我们改革的成败。因为改革的主体是广大人民群众,归根到底,要依靠人民改革。我们再简单地提改革,恐怕很难唤起人们的热情,我认为,改革中的矛盾和问题恰恰是因为我们改革还不够全面,还不够深化。所以,要解决这些矛盾和问题还得通

过全面的、深化的改革，所以从这个角度讲，全面深化改革是
我们的基本共识。

主持人：谢谢老师。

12 国无德不兴①

　　主持人: 大家好! 欢迎收看《百家讲坛》系列特别节目,《平"语"近人——习近平总书记用典》。我是主持人康辉。首先欢迎来到今天节目现场的中央民族大学和北京交通大学的同学们,欢迎你们。

　　我们这一期节目的主题是"立德"。在中国的传统文化当中非常重视立德修身。您看,我们说到选人、用人,一定是德才兼备,以德为先。那我们说到个人也好、家庭也好、国家也好,一定是"德不孤,必有邻"。那今天这期节目我们就围绕着"立德"这个主题,通过深入地解读习近平总书记一系列重要论述当中的用典,来深入地学习和领会他的关于新时代立德、修身的讲话。

　　好,现在让我们掌声欢迎,本期节目的思想解读人清华大学艾四林教授。

---

① 《平"语"近人——习近平总书记用典》第3集,中央电视台综合频道2018年10月10日播出,节目主持人康辉。

艾四林：习近平总书记十分重视立德的问题。关于为什么立德，总书记讲"国无德不兴，人无德不立"①。立什么德？总书记讲过，"核心价值观，其实就是一种德，既是个人的德，也是一种大德，就是国家的德、社会的德"。②该怎样立德呢？总书记讲过，"要从自己做起、从身边做起、从小事做起，一点一滴积累，养成好思想、好品德"。

下面我想从三个方面给大家简单地讲讲。

一、为什么立德？

艾四林：先说第一个方面，为什么要立德？我们所说的"国无德不兴，人无德不立"是什么意思呢？

"国无德不兴"讲的是，道德对一个国家、一个民族、一个社会，重要的价值和意义。我们知道，在一个国家、一个民族、一个社会里面它都会有各种不同的、多种多样的价值取向和价值观念，有的甚至相互之间还是矛盾、冲突的。比如说爱情观、钱财观等。但是一个社会要稳定、要和谐、要发展，它一定是需要有一个共同的核心价值观。对此，习近平总书记讲过，"如果一个民族、一个国家没有共同的核心价值观，莫衷一是，行无依归，那这个民族、这个国家就无法前进"。③

---

① 习近平：《习近平谈治国理政》，外文出版社2014年版，第168页。
② 同上。
③ 同上。

那"人无德不立"又讲的是什么呢？它讲的是道德对每一个个人的发展、进步的重要价值和意义。早在2004年，习近平同志担任浙江省委书记期间，对这个问题就有了十分深刻的论述。他说："人而无德，行之不远。没有良好的道德品质和思想修养，即使有丰富的知识、高深的学问，也难成大器。"我们古人讲有"三不朽"，这三不朽是立德、立功、立言。从这里大家可以看到，立德是居于首位的，它强调的就是德对于做事、做学问的基础性的前提性的作用。

主持人：今天我们再讲为什么立德，因为德有一种强大的精神力量。现在我们每一年都会评选全国道德模范，会评选感动中国人物，就是想把这种德的强大的精神力量注入社会，注入人心。而在我们的日常生活当中，其实也可以从很多人的身上感受到、学习到这种强大的力量。接下来我们继续请艾四林教授为大家解读。

艾四林：我想在解读之前问大家一个问题，你们心目当中的道德楷模是个什么样子？哪位观众来回答这个问题？

观众：我认为道德模范，应该不仅仅是我们以前学习中，还有生活当中遇到的一些伟人。它更多情况可能是，在我们身边的一些普通人和平凡人，因为这样的一些平凡人身上也有我们可以去学习的一些道德闪光点。

艾四林：谢谢。还有哪位同学愿意回答？

观众：说到楷模，我想楷模就在我们身边。比如说我们学校都会有志愿者服务团，他们每年都会给生活比较艰难的地区的孩子们送去学习和生活的物资，我想点点烛光可以照亮一切。

艾四林：好，谢谢两位观众。回答得非常棒！的确，每人心中对道德楷模都有自己的理解。下面我想再给大家举一个师德方面的例子。这个名字我想大家也许都熟悉，他叫李保国。李保国同志是河北农业大学的教授，在学术研究方面，李教授是学术"大牛"。他牛在哪里？我想牛在他始终坚守为人民做学问的学术本色、学术方向。他常年深入太行山区，把农民的需求作为自己的科研课题，把论文写在太行山大地上，把成果留在农民的家里。通过自己的研究成果，李保国教授帮助太行山区增加农业产值达35亿元之高，带领大家走出了一条经济社会生态协同提升的脱贫新路。习近平总书记对李保国同志的事迹高度称赞，赞誉他是"太行山上的新愚公"。我想，通过这上面的例子，大家对道德楷模是个什么样子也许会有新的认识。

上面我们从个人和国家两个维度了解了为什么立德。而在当代中国，在社会主义中国，立什么样的德呢？

二、立什么德？

主持人：我们知道很多学校的校训里面都有关于德的内容。像艾教授是清华大学的，清华大学的校训大家都很熟悉，

"自强不息，厚德载物"。那我们请艾教授给大家讲讲清华大学校训中的这个"德"字，好不好？

艾四林：好。清华大学校训这两句话其实还都含有这样的含义在里面。"自强不息"讲的是每一个人应该像天空一样辽远，像天一样刚毅。我们讲"厚德载物"，就强调你的德要像大地一样厚实。

主持人：是的，千百年来，中国的文化当中一直强调"德"这个字，对于一个国家、一个民族，对于一个个人来说有多么多么的重要，这种影响一直到今天。

习近平总书记曾经说，一个人只有明大德，守公德，严私德，其才方能用得其所。那么如何能做到明大德，守公德，严私德呢？

艾四林：大德讲的是国家之德。明大德对每一个个人来讲就是要立志报效祖国。黄大发长期担任贵州遵义一个小山村叫草王坝村的党支部书记。从上个世纪60年代起，他带领乡亲们历经30多年，硬是在悬崖峭壁上开凿出了一条"天渠"，结束了当地长期缺水的历史，乡亲们亲切地把这条渠称为"大发渠"。黄大发身上这种爱国为民的情怀就是大德。

我想讲第二个方面，守公德。公德，顾名思义，就是公共领域的道德。对共产党人来讲，守公德就是要践行党的宗旨，全心全意为人民服务。

我所讲的这个道德模范、时代的楷模，是我的一个同行，他就是大连海事大学曲建武教授。2013年，曲建武同志出于对学生工作的热爱，毅然辞去正厅级的职务，到大连海事大学当起了一名普通的思想政治理论课教师和一名大学本科生的辅导员。

主持人： 刚刚艾四林教授给大家讲到了明大德、守公德，那么接下来我们要听他来讲一讲，我们如何严私德。

艾四林： 在了解了守公德之后，我想还有一个很重要的问题，就是严私德。私德简单来讲，就是私人领域的道德，就是私人生活中所表现出来的道德风尚、品质和习惯。对于党员干部来讲，严私德就是要严格约束自己的操守和行为，严把"私"字。要做到克己奉公，清正廉洁。在私德问题上，党员干部丝毫不能懈怠，要始终有一种如履薄冰、如临深渊的警醒意识，要自觉地去净化自己的生活圈、交友圈、娱乐圈，要做到慎独、慎微。习近平总书记对广大干部提出了这样的要求，除了工作需要之外，少出去应酬，多回家吃饭。大家也许会问，习近平总书记治国理政日理万机，为什么会去关心党员干部的私事、私德呢？其实对党员干部来讲，私德不是私事，它事关党和政府的形象。私德也不是小事，它事关个人的荣誉和他的发展进步。

三、怎样立德?

主持人: 儒家思想对于中国人影响至深,儒家有一颗入世心,所以"修身、齐家、治国、平天下"常被概括为家国情怀。这家国情怀也是对个人、对家庭、对社会、对国家要承担的责任。所以,为什么我们强调每一个人都要从修德开始?如何修德呢?接下来我们继续请艾四林教授为大家解读。

艾四林: 上面我从为什么要立德、立什么德两个方面讲了一些看法。

关于修德,我想从以下几点来给大家讲一讲。

第一点,勤学。勤学是修炼道德的基本方法。那怎么样做到勤学?我想每一个人的理解不一样。在我看来,要向我们身边的道德模范学习。我下面要给大家讲的这位道德模范很不简单。

习近平总书记曾经两次接见过她,并且亲切地称她为老阿姨。我想大家应该已经猜到了她是谁,她就是龚全珍。龚全珍是开国将军甘祖昌的夫人,1957年,她随她的丈夫一起回到了他的家乡,当起了农民。在几十年的岁月中,她不计报酬地给当地的老百姓讲革命传统,讲理想信念。她非常节俭,从来都舍不得给自己添置一件新衣裳,但她却甘心拿出自己大部分的收入,去资助贫困学生、孤寡老人和需要帮助的群众。如今她已经90多岁了,仍然是在关心着社会,帮助着他人。向道德模范学习，就要向龚全珍这样的道德模范学习。

勤学就要向我们的优秀传统文化学习。中华优秀传统文化是中华民族的根，什么时候都不能丢弃中华优秀传统文化，否则我们就是无根。

第二点，明辨。明辨就是要善于明辨是非、善恶、美丑，善于做出选择。

对此习近平总书记讲过，青年面临的选择很多，关键是要以正确的世界观、人生观、价值观来指导自己的选择。掌握了正确的世界观、人生观、价值观，就掌握了这把钥匙。

接下来我想讲第三点，笃实。道不可坐论，德不可空谈。修德就要落到实处，我想首先要从小做起。习近平总书记讲过，对"人民"二字的理解就来自于他十六七岁在陕北插队时候的感受。因此习近平总书记讲，青少年从小就要学会做人、学习做人，每天都可以想一想：我爱国了吗？我热爱集体了吗？我在家孝敬父母了吗？在学校爱护同学了吗？在社会上遵守公德了吗？这样想一想，就会促使自己每天多做一点。这样一点一滴地积累，就能养成大德。

道德的养成不是一朝一夕的事情，它是日积月累的结果。"勿以善小而不为，勿以恶小而为之"，为何？因为下面还有一句，"善不积不足以成名，恶不积不足以灭身"。习近平总书记在多个场合也引用这句话，来告诫我们的广大党员干部，善小要常为，恶小不可为。

道德的养成贵在坚持。毛泽东同志说过，一个人做点好事并不难，难的是一辈子做好事，不做坏事。要成为道德高尚的人就要始终牢记道德的养成永远在路上，要始终从现在做起，从自己做起。谢谢大家。

主持人： 谢谢今天的思想解读人、经典释义人为我们带来的讲解。勤学、明辨、笃实，以此修德，何愁国之不兴，人之不立呢？今天我们身处一个伟大的新时代，我们要按照习近平总书记的要求积极培育和践行社会主义核心价值观，这是今天的一种大德。立此大德，实现中华民族伟大复兴的中国梦，我们就有了一种最持久、最深层的强大力量。

2018年10月10日，担任中央电视台综合频道播出的《平"语"近人——习近平总书记用典》第3集《国无德不兴》思想解读人

13 绝知此事要躬行①

主持人： 大家好！欢迎收看《百家讲坛》系列特别节目，《平"语"近人——习近平总书记用典》。我是主持人康辉。首先欢迎今天来到节目现场的清华大学和首都师范大学的同学们，欢迎你们！

今天这期节目的主题是"笃行"。行是什么？行就是实践，笃行就是持之以恒，坚定不移地去实践。"纸上得来终觉浅，绝知此事要躬行。"习近平总书记关于实践有很多重要的论述，那今天我们就通过解读总书记在这些论述当中的一些用典，来深入地学习、领会习近平的实践观。

好，现在让我们掌声欢迎本期节目的思想解读人清华大学艾四林教授。

一、尚行

艾四林： 我们中国有句古语："耳闻之不如目见之，目见

---

① 《平"语"近人——习近平总书记用典》第7集，中央电视台综合频道2018年10月10日播出，节目主持人康辉。

之不如足践之"，习近平总书记多次引用过这句古语。在青年时期，习近平同志也引用过马克思的另一句名言，"一步实际运动比一打纲领更重要"。大家仔细想一想，其实这两句话，它讲的是同一个道理，就是"行胜于言"。"行胜于言"也是习近平同志的母校，我们清华大学的校风。党的十八大以来，习近平同志多次强调，"幸福不会从天降""撸起袖子加油干"。这些论述既是对我们中华优秀传统文化的继承和弘扬，也是对马克思主义科学实践观的运用和发展。下面我从尚行、敏行、力行三个层面和大家讲一讲。

首先我们来看看尚行。有一本书我相信大家都读过，它的名字叫《摆脱贫困》，是习近平同志在1992年出版的一本书，这本书收录了习近平同志担任福建宁德地委书记期间自1988年9月至1990年5月所发表的重要讲话和文章。二十多年后的今天，我们再来翻看这本书，类似于像"实践""行动"这样的字眼随处可见。这清楚地表明，习近平总书记是在青年时期就高度重视"行"。在这本书里面，他写道，"我是崇尚行动的。实践高于认识的地方正在于它是行动"[1]。

主持人：关于志、关于勤，我们现场的同学们，有没有一些问题或想法，想和老师们交流的？

观众：有一个问题想向老师们请教。就是现在很多高校

---

[1] 习近平：《摆脱贫困》，福建人民出版社1992年版，第182页。

的学生，也会存在着学习懈怠的这样一个问题。可以说是自身学习的动力不足，所以也想请老师们对这个问题给予解答。谢谢。

艾四林：这位同学提得非常好。"业广惟勤"，"业"对于我们大学生来讲就是学习，"勤"对我们大学生来讲就是勤学。我们在做选择的时候，一定是有一个价值观来做支撑的，这样，我学习的动力就是来自那里。学和不学，你的背后真正的价值支撑是什么？如果说我只是为自己将来有个好生活而学习，那一部分家庭非常富裕的同学，他完全可以说我不需要学习。当我们把自己定位成，为国家、为民族的振兴而学习的时候，我想我们就有了这一个正确的价值取向，我们就有学习的这个动力。

主持人：谢谢艾教授。解决这位同学刚刚提出的这个问题其实首先是要立大志，让这个大志再激发我们的勤奋、努力。其实在这方面，尤其是清华大学的同学们，可以向你们的一位校友学习，就是习近平总书记。

习近平总书记既是有实干精神的战略家，也是一位有战略意志的实干家，所以他在很多论述当中都在强调"笃行""实干"。那接下来我们请艾四林教授继续为大家解读。

艾四林：知识、认识，这是从哪里来的？知识、认识它是从干中，从实践中获得的。毛泽东同志讲，实践出真知。习近平总书记非常重视实践，强调实践是理论之源，在这方面，他也非常强调调查研究。他说:"调查研究是谋事之基、成事之道。没有调查,就没有发言权,更没有决策权。"

比方说,习近平总书记提出的精准扶贫,就是在他调研扶贫工作的路上提出来的。党的十八大以来,习近平总书记从东到西,从南到北,从黄土高坡到雪域高原,走遍了全国集中连片的贫困地区,详细了解贫困户家庭的衣食住行各个方面的情况。在这个过程当中,他提出了精准扶贫。

我想讲第二点,知识的对错它是在实践中、在"干"中来分辨的。一个理论、一种思想、一种认识,究竟是对还是错,靠什么来检验呢? 马克思在《关于费尔巴哈的提纲》中对这个问题做了非常明确的回答,一个理论是不是真理只能靠社会实践来检验。

党的十八大以来,习近平总书记明确指出,我们的各项工作都要经得起实践、人民、历史的检验。一个干部的执政能力要靠实践来体现,执政水平要靠实践来检验。

第三点,本领只能在"干"中、在实践中提高。早在习近平同志担任浙江省委书记期间,对这个问题就有非常深刻的论述。他在谈到后备干部培养的时候说,我们不能把后备干部放到温室中去精心地培育,而要把他们放到艰苦的岗位,复杂的环境中去锻炼、去成长、去鉴别。在梁家河,青年习近平什么活都干,挑粪、种地、打坝,等等。在乡亲们的眼中,习近平就是一个吃苦耐劳的好后生。虽然吃了很多苦,习近平总书记后来回忆说："那段经历让我受益匪浅。"

二、敏行

艾四林：我刚才从三个方面讲了习近平总书记为什么特别崇尚行动、崇尚实践。下面我想说的是敏行，如何才能做到成功的实践、成功的行呢？

主持人："积土而为山，积水而为海"，这个"积"字是笃行，它也提示我们笃行是要尊重客观规律的。那习近平总书记在讲话当中，引用这句儒家文化的经典名言也是在强调，成功的实践不会一蹴而就，需要付出辛劳，也需要付出智慧。那么在新时代，我们怎么做到真正的笃行呢？应该尊重哪些规律呢？

艾四林：的确，行动不是盲行，实践不是盲目的实践。但怎样才能干好？第一，干好就要久久为功。常言说"一口吃不成胖子"。的确，一个成功的实践就是一个坚持到底的实践。所以习近平总书记强调，除了要有只争朝夕的这种干劲，还要有久久为功的这种韧劲。习近平总书记引用过山西右玉县治沙的故事来说明这点。山西省右玉县地处毛乌素沙漠的天然风口地带，是一片不毛之地。新中国成立以后，从第一任县委书记就开始带领大家植树造林治沙。后来，就是按照这个目标、按照这个蓝图干下去，最终将不毛之地变成了塞上绿洲。习近平总书记用这个故事就在告诉我们的干部，要有一种功成不必在我的境界。一个好的蓝图只要是科学的、合理的、符合实际的、符合老百姓愿望的，就要像接力赛一样一棒接着一棒地干下去。

第二点，干好就要依靠群众。有一句谚语我想大家可能都听说过，"一个人可以走得很快，但一群人能够走得更远"。实践不是单个人的活动，它是群众性的活动，是社会实践。任何一个单个人是干不成大事的。所以习近平总书记非常强调我们干部要提高自己的本领，办法在哪里？办法就在群众中。1984年，习近平同志担任河北省正定县委书记，给正定县委、县人大、县政府、县政协四大班子写了一封信。习近平同志提出，要改变衙门作风，要深入基层，深入老百姓，要做调查研究，要拜群众为师，要从群众那里寻找源头活水，要求当地的干部每年要拿出三分之一的时间走基层、搞调研。习近平同志在担任县委书记期间走遍了所有的村子，正是因为问题找得准，措施定得实，当地的经济、社会得到了较快发展。勤劳是我们中华民族的标识，三是干好就要勤奋劳动，正所谓"业精于勤，荒于嬉"。今年五一国际劳动节来临之际，习近平总书记给中国劳动关系学院劳模本科班学员回信，提出劳动最光荣、劳动最崇高、劳动最伟大、劳动最美丽。

三、力行

主持人：我想任何时代都不需要那些语言上的巨人，行动上的矮子。在新时代，我们肩负着重大的历史使命，习近平总书记已经把实干这个道理讲得非常透彻了。那接下来我们继续请艾四林教授为大家解读习近平总书记关于实干的三句话。

艾四林：的确，"空谈误国，实干兴邦"。没有"干"，一切都是空谈，一切都变成乌托邦。力行，下面我想用习近平总书记的三句话来讲一讲。

第一句，"社会主义是干出来的"。社会主义是前无古人的事业，我们不可能从书本中找出一个社会主义，不可能从理论逻辑中推演出一个社会主义。那靠什么？只能靠干。一部电影，叫作《我们村里的年轻人》，这部电影拍摄于上个世纪50年代，其中有一个插曲，这四句歌词是这样的，"樱桃好吃树难栽，不下苦功花不开。幸福不会从天降，社会主义等不来"。习近平总书记多次引用过这首歌曲里面的歌词。他引用这些歌词，就是要告诫我们的广大干部和全国上下，社会主义是干出来的，不是等来的。

第二句，"新时代也是干出来的"。党的十九大报告指出，经过长期的努力，中国特色社会主义进入新时代。新时代是奋力实现中华民族伟大复兴的时代，是我国全面建设富强、民主、文明、和谐、美丽的社会主义现代化强国的时代。我们现在比历史上任何一个时期更接近于实现中华民族伟大复兴，我们更有信心，也更有能力实现这个目标。

但是在未来，我们还面临很多的挑战，还有很多的困难需要我们去克服。因此习近平总书记强调，中华民族伟大复兴，绝不是轻轻松松、敲锣打鼓就能实现的，距离实现中华民族伟大复兴中国梦越近，越需要我们不能松懈，越要我们更加努力，越是需要大家撸起袖子加油干。新时代需要无数的实干家。习近平总书记就是我们这个新时代的最大的实干家。在工作中，习近平总书记倡导，行动至上，马上就办！关于"马上就办"还有一个小故事。1991年，当时担任福州市委书记的习近平同志针对福州市委市政府的办事效率，提出马尾经济开发区的事马上就办。之后不久，"马上就办"这四个大字就挂在了福州市委的大院里，提醒广大干部要敢作为、要快作为、要提高效率。

第三句，"青春是用来奋斗的"。

我想问一下大家，你们是青春的一代，青春年华，你们是怎么奋斗的？

观众：记得我在大三的时候，我们同学一起到一个水电站上去实习了一个月，在那一个月，我们同学和水电站上的工作人员一起上下班，一起吃饭，一起休息。因为一直在工地上工作，所以条件比较艰苦。但是我们也收获了很多。

艾四林：说得好。下面我们再请一位同学。

观众：曾经我是一名边防军人，在雪域高原西藏服役两年。在部队的生活，其实不仅教会了我坚持，更加教会了我奋斗。退伍后回到学校，作为一名学生，我发奋学习，毕业后要到祖国最需要的地方建功立业。

艾四林: 确实,人的青春只有一次,每一代青年都有自己的人生的际遇和使命,你们这一代青年的际遇和使命又是什么呢?习近平总书记是这样说的,你们这一代青年人的际遇和使命就是为实现中华民族伟大复兴的中国梦而奋斗,这是你们最大的际遇,也是你们最大的考验。

这一代青年人,他们是和我们的新时代同行的。大家想一想,现在二十多岁的青年,到2020年,我国全面建成小康社会的时候,还不到三十岁。到2035年,我国基本实现现代化的时候,也不过四十岁左右。到2050年,也就是本世纪中叶,我国全面建成富强、民主、文明、和谐、美丽的社会主义现代化强国的时候,也才五十出头。也因此可以这样讲,现在的青年要全程参与实现"两个一百年"的奋斗目标。因此,你们就要牢记奋斗是我们的选择。选择了奋斗,选择了吃苦,就选择了未来的收获。

纵观世界发展史,一些伟大的思想家、科学家、政治家,他们的重要成果往往产生于他们的青年时期。在《共产党宣言》发表的时候,马克思不过才三十岁,恩格斯二十八岁,牛顿、莱布尼茨发明微积分的时候,分别才是二十二岁、二十八岁。习近平总书记用这样一些例子就是要告诉我们的年轻人,要下定奋斗的决心,要做这个新时代的开创者、奋进者、奉献者,而不要做这个新时代的彷徨者、旁观者。

新时代是奋斗者的时代, 奋斗是艰辛的, 奋斗是曲折的, 奋斗是长期的, 但奋斗者是幸福的!

主持人: 谢谢这期节目的思想解读人、经典释义人为我们带来的讲解。习近平总书记讲过一段话, 成功的背后永远是艰辛、努力, 要把小事当作大事干, 一步一个脚印往前走。滴水可以穿石, 只要坚韧不拔、百折不挠, 成功就一定在前方等你。

2018年10月10日，担任中央电视台综合频道播出的《平"语"近人——习近平总书记用典》第7集《绝知此事要躬行》思想解读人

14

不忘初心，牢记使命，永远奋斗^①

党的十九大一闭幕，习近平总书记就带领中央政治局常委专程前往上海和浙江嘉兴，瞻仰中共一大会址和南湖红船，回顾党的历史，重温入党誓词并强调："只有不忘初心、牢记使命、永远奋斗，才能让中国共产党永远年轻。"这既是以习近平同志为核心的新一届中央领导集体对我们党立党初心的一次精神溯源，也是一次鲜明的政治宣示。

"东方风来满眼春"。在这个需要理论也能够产生理论的时代，党的理论工作者应以何种新作为，为中国特色社会主义伟大事业作出新的更大的贡献？

一、回望初心，为民族复兴矢志不渝

记　者：1921年，中国共产党第一次全国代表大会在浙江嘉兴南湖的一艘红船上闭幕，这艘见证了中国历史上开天辟地

---

① 2017年11月，与《光明日报》记者张胜的对话。

大事变的红船，孕育了中国共产党建党伟业所蕴含的伟大革命精神——"红船精神"。2005年6月，时任浙江省委书记的习近平同志首次概括了"红船精神"的深刻内涵。党的十九大闭幕后不久，习近平总书记带领中共中央政治局常委瞻仰上海中共一大会址和浙江嘉兴南湖红船，追寻革命精神的历史源泉，回望共产党人的如磐初心，这是对即将开展的"不忘初心、牢记使命"主题教育的示范，更是激励和号召。

中国共产党人的初心和使命，就是为中国人民谋幸福，为中华民族谋复兴。习近平总书记在党的十九大报告中强调：中国共产党一经成立，就把实现共产主义作为党的最高理想和最终目标，义无反顾肩负起实现中华民族伟大复兴的历史使命。请问，应该如何深刻领会并准确把握中国共产党人的初心？

艾四林：对于一个政党来说，"初心"就是它创立时最初的目的。不忘初心实际上是对源头、本质的追问。在90多年的历程中，我们党就是在反复追问为谁而生、因何而生、为谁而兴、因何而兴中不断走向强大和成功。为中国人民谋幸福作为中国共产党人的初心是与生俱来，却有源头活水。这一表述体现了马克思主义普遍性与民族性、时代性的统一，是马克思主义人民性的中国化表达。实现最广大人民的自由、解放和全面发展，让最广大人民群众过上幸福生活，这就是马克思主义的初心。在阶级社会和阶级世界里，最根本的立场是阶级立场。鲜明的阶级性是马克思主义的根本特性。马克思指出："哲学把无产阶级当作自己的物质武器，同样，无产阶级也把哲学当作自己的精神武器。"是否站在最广大人民立场上，是判断马克思主义政党的试金石。致力于实现最广大人民的根本利益，让最广大人民群众过上幸福生活，这是马克思主义政党最鲜明的立场，也是马克思主义政党先进性的重要体现。对于中国共产党来说，人民立场就体现在实现我国最广大人民的根本利益，让我国最广大人民群众过上幸福生活。因此，习近平总书记强调："我们的党是全心全意为人民服务的党，我们的国家是人民当家作主的国家，党和国家一切工作的出发点和落脚点是实现好、维护好、发展好最广大人民根本利益。"[1] "人民对美好生活的向往，就是我们的奋斗目标。"[2]

二、肩负使命，当好民族和人民的主心骨

记　者：党的十九大描绘了新时代中国特色社会主义的发展蓝图，明确了新时代党的历史使命——从现在起到2020年决胜全面建成小康社会，从2020年到本世纪中叶分两步走，把我国建成富强民主文明和谐美丽的社会主义现代化强国。磨砺于伟大斗争，致力于伟大工程，奋进在伟大事业，激荡着伟大梦想，正因为勇担历史使命，中国共产党才能在应对国内外各种风

---

[1]　习近平：《在哲学社会科学工作座谈会上的讲话》，人民出版社2016年版，第12页。
[2]　习近平：《习近平谈治国理政》，外文出版社2014年版，第4页。

险和考验的历史进程中始终成为中华民族和全国人民的主心骨。请问，应该如何深刻领会并准确把握新时代中国共产党的历史使命？

艾四林：中华民族伟大复兴的历史使命具有鲜明的时代特征，在不同时代、不同历史阶段有不同的实践要求。正因为我们党始终把握我国发展的历史方位，才能始终走在时代前列，引领中华民族伟大复兴的航向。中国共产党诞生于中华民族内忧外患的深重苦难之中，也因此一经成立就义无反顾地肩负起中华民族伟大复兴的历史使命，并带领人民经过长期艰苦卓绝的斗争，迎来了中华民族从站起来、富起来到强起来的伟大飞跃。今天，我们比历史上任何时期都更接近、更有信心和能力实现中华民族伟大复兴的目标。可以说，中华民族伟大复兴进入了新时代，中国共产党的历史使命更加具体、更加清晰了：到本世纪中叶，夺取中国特色社会主义伟大胜利，在世界上高高举起中国特色社会主义伟大旗帜；全面建成富强民主文明和谐美丽的社会主义现代化强国；基本实现全体人民的共同富裕；实现中华民族伟大复兴；我国走近世界舞台的中央，为人类作出更大的贡献。在这里可以清晰地看到，在新时代中国共产党的历史使命中，中国特色社会主义、现代化强国、共同富裕、中华民族伟大复兴、人类贡献是内在统一的。

记　者：习近平总书记在党的十九大报告中指出，伟大斗争，伟大工程，伟大事业，伟大梦想，紧密相连、相互贯通、相互作用，其中起决定性作用的是党的建设新的伟大工程。请问，应如何深刻领会并准确把握"四个伟大"的内在逻辑？

艾四林："以人民为中心"是"四个伟大"统一的价值基础。"以人民为中心"，是"四个伟大"的出发点和落脚点，是贯穿于"四个伟大"的一条主线。因此，在推进好"四个伟大"过程中，要始终坚持人民立场，坚持一切为了人民、一切相信人民、一切依靠人民。理论创新则是"四个伟大"的理论品格。"四个伟大"的理论之基是马克思主义。我们党推进"四个伟大"，就要始终坚持马克思主义，背离或放弃马克思主义，就会失去灵魂、迷失方向。习近平总书记指出："在新的时代条件下，我们要进行伟大斗争、建设伟大工程、推进伟大事业、实现伟大梦想，仍然需要保持和发扬马克思主义政党与时俱进的理论品格，勇于推进实践基础上的理论创新。"①习近平新时代中国特色社会主义思想既是我们党在推进"四个伟大"中实现的重大原创性理论成果，也是我们党在新时代继续推进"四个伟大"的指导思想。

三、永远奋斗，走好新时代的长征路

记　者：使命呼唤担当，使命引领未来。习近平总书记在

---

① 习近平：《习近平谈治国理政》第二卷，外文出版社2017年版，第62页。

党的十九大报告中告诫全党，全党同志一定要永远与人民同呼吸、共命运、心连心，永远把人民对美好生活的向往作为奋斗目标，以永不懈怠的精神状态和一往无前的奋斗姿态，继续朝着实现中华民族伟大复兴的宏伟目标奋勇前进。请问，走好新时代的长征路，应如何深刻领会并准确把握"以人民为中心"的思想？从党的建设方面看，还有哪些需要注意的问题？

艾四林："以人民为中心"的思想是一个完整的科学体系，包括根本的立场、基本观点和科学方法，系统地回答为了谁、依靠谁等重大问题。"以人民为中心"就是要坚持人民立场，把一切为了人民作为最高价值追求，坚持立党为公、执政为民、全心全意为人民服务；就是要相信人民，将人民是历史的创造者作为最基本的主张和观点；就是要坚持人民的主体地位，保障人民当家作主；就是要全面贯彻党的群众路线，依靠人民创造历史伟业。

从党的建设方面看，坚持"以人民为中心"，很重要的一条就是要"知民心""顺民心""谋民利"。"知民心"就要扎根人民之中，深入调查研究，广开言路，善于倾听和分析人民的意见和建议。"顺民心"就要在一切法律法规和方针政策制定以及实际工作中，情系人民，尊重人民意愿，体现人民意志。坚持"以人民为中心"，归根到底还要"谋民利"，就是要实现好、维护好、发展好最广大人民的根本利益。在2018年的新年贺词里，习近平总书记要求各级党委、政府和干部要

"把为人民造福的事情真正办好办实""把老百姓的安危冷暖时刻放在心上""以造福人民为最大政绩，想群众之所想，急群众之所急"。新时代，人民对美好生活的向往会越来越高，人民群众的需要越来越多样化、多层次、多方面，广大人民的利益要求也越来越广泛、越来越强烈，这对我们党坚持好"以人民为中心"提出了新的更高的挑战和要求。因此在新形势下，我们党要勇于以自我革命精神把自身建设好，始终把人民群众放在心里，同人民想在一起、干在一起，着力解决人民群众反映最强烈、最现实、最直接的突出问题，使人民有更多的获得感、幸福感和安全感。只有这样"知民心""顺民心""谋民利"，"以人民为中心"才落到了实处，我们党就能"得民心"，受到人民衷心拥护。

记　者：推动中国巨变的当代共产党人更有资格、更有能力为发展马克思主义作出中国的原创性贡献。请问艾教授，应该如何深刻理解和准确把握习近平新时代中国特色社会主义思想的原创性和时代性？作为党的理论工作者，在新时代，应以何种新作为，使21世纪中国的马克思主义展现出更强大、更有说服力的真理力量？

艾四林：这里的原创性，我的理解是，当代中国共产党人对发展马克思主义的贡献，不仅体现为将马克思主义基本原理与中国实际相结合，运用马克思主义基本原理解决中国实际问题，推动马克思主义中国化，从而实现马克思主义基本原理从普遍到特殊的飞跃，而且也指，当代中国共产党人立足中国大地，充分汲取马克思主义、中国优秀传统文化以及世界优秀文化的丰厚资源，对当代中国和世界一系列重大理论和实践问题，提出了具有中国立场、中国智慧、中国价值的中国方案和中国理论，极大地丰富和发展马克思主义基本原理，实现了当代中国马克思主义从特殊到普遍的飞跃。

习近平新时代中国特色社会主义思想是马克思主义发展史上的重大理论创新，是二十一世纪马克思主义。作为理论工作者要学习好、研究好习近平新时代中国特色社会主义思想，同时要创新话语和方法手段，提高宣传教育的针对性和亲和力，有效宣传、传播好习近平新时代中国特色社会主义思想，推动这一思想的大众化。

马克思主义就是在创新发展中，不断展现自己强大的现实吸引力、感染力、影响力、生命力。中国特色社会主义进入新时代，新时代提出新课题。这是一个需要理论而且一定能够产生理论的时代，这是一个需要思想而且一定能够产生思想的时代。新时代呼唤理论工作者有新作为。在理论创新和实践创新的互动中，发展当代中国马克思主义，推进21世纪世界马克思主义的发展，这是理论工作者的崇高使命和历史担当。作为马克思主义理论学科的专家学者更要发挥学科优势，以创新性成果，大力推动马克思主义理论的学术创新。通过这样的贡献、这样的创新，为人类社会进步发展中世界性的重大问题的解决提供中国方案、中国理论、中国思想，让世界知道"学术中的中国""理论中的中国""哲学社会科学中的中国""为人类文明作贡献的中国"，为发展当代中国马克思主义作出独特的贡献，真正起到引领和示范作用。

15 把人民放在心中最高位置①

习近平经济思想是运用马克思主义基本原理指导新时代经济发展实践形成的重大理论成果,坚持以人民为中心的发展思想,丰富发展了马克思主义政治经济学关于社会主义经济本质的理论。如何理解习近平经济思想的人民性? 经济日报社记者就相关问题专访了清华大学习近平新时代中国特色社会主义思想研究院院长、教育部长江学者特聘教授艾四林。

一、如何认识习近平经济思想与马克思主义政治经济学的人民立场一脉相承?

记　者: 习近平经济思想继承了马克思主义政治经济学的人民立场,提出坚持以人民为中心的发展思想。如何认识这种一脉相承?

艾四林: 人民性是马克思主义最鲜明的品格。习近平总书记

---

① 《经济日报》2022年10月3日,访谈记者秦悦。

在纪念马克思诞辰200周年大会上的讲话中指出，马克思主义博大精深，归根到底就是一句话，为人类求解放。马克思、恩格斯在《共产党宣言》中指出，过去的一切运动都是少数人的，或者为少数人谋利益的运动。无产阶级的运动是绝大多数人的，为绝大多数人谋利益的独立的运动。共产党人"没有任何同整个无产阶级的利益不同的利益"。

习近平经济思想具有鲜明的人民性。习近平总书记坚持把马克思主义政治经济学基本原理同中国实际和时代特征相结合，创造性地提出坚持以人民为中心的发展思想，并指出，"这是马克思主义政治经济学的根本立场"[①]。习近平总书记强调，江山就是人民、人民就是江山，打江山、守江山，守的是人民的心。中国共产党根基在人民、血脉在人民、力量在人民。

新时代新征程，要坚持把人民放在心中最高位置，坚持把人民利益作为党领导经济工作的根本出发点和落脚点。中国共产党始终代表最广大人民根本利益，与人民休戚与共、生死相依，没有任何自己特殊的利益，从来不代表任何利益集团、任何权势团体、任何特权阶层的利益。人民对美好生活的向往就是我们党始终不渝的奋斗目标。我们党干革命、搞建设、抓改革，都是为了让人民过上幸福生活。习近平总书记

---

① 习近平：《不断开拓当代中国马克思主义政治经济学新境界》，《求是》2020年第16期。

指出，"我们的目标很宏伟，但也很朴素，归根结底就是让全体中国人都过上更好的日子"[①]。因此，我们部署经济工作、制定经济政策、推动经济发展，必须牢牢坚持以人民为中心的根本立场，抓住人民最关心最直接最现实的利益问题，不断实现好、维护好、发展好最广大人民根本利益，不断把为人民造福事业推向前进。

二、习近平经济思想的人民性体现在哪些方面?

记　者: 人民是我们党执政的最大底气，是党和国家最深厚的根基。在经济发展上，习近平经济思想的人民性体现在哪些方面?

艾四林: 人民性从来都不是抽象的，而是历史的、具体的，体现在经济社会发展的各个环节。在经济发展上，坚持人民性，就是坚持以人民为中心的发展，就是坚持发展为了人民、发展依靠人民、发展成果由人民共享。

为了人民而发展，发展才有意义。发展是着眼于物的发展还是人的发展，这是一个根本性问题。党的十八大以来，习近平总书记反复告诫全党，"为什么人的问题，是检验一个政党、一个政权性质的试金石"[②]。解放和发展生产力，归根到底是为了解放和发展生产者，也就是要实现人的自由全面

---

① 习近平:《习近平谈治国理政》第三卷，外文出版社2020年版，第134页。
② 同上书，第35页。

发展。新时代实现社会主义生产目的，就是要把促进人的全面发展放在突出位置，更好满足广大人民日益增长、不断升级和个性化的物质文化与生态环境需要。我们建设的现代化不是以资本为中心的现代化，而是以人民为中心的现代化，不是物质主义膨胀的现代化，而是物质文明和精神文明协调发展的现代化，这充分彰显了中国式现代化人民至上的根本价值取向。

依靠人民而发展，发展才有动力。唯物史观认为，人民是历史的创造者，是真正的英雄。在百年征程中，我们党形成了"从群众中来，到群众中去"的优良传统和工作作风。党的十八大以来，习近平总书记指出，"人民是创造历史的动力，我们共产党人任何时候都不要忘记这个历史唯物主义最基本的道理"，并一再强调"群众工作是我们的看家本领"。事实上，改革开放在认识和实践上的每一次突破和发展，每一个新生事物的产生和发展，每个方面经验的创造和积累，无不来自亿万人民的实践和智慧。新时代新征程，只要我们始终坚持为了人民、依靠人民，尊重人民群众主体地位和首创精神，把人民群众中蕴藏着的智慧和力量充分激发出来，就一定能够不断创造新的历史伟业。

发展成果由人民共享。让广大人民群众共享改革发展成果，是社会主义的本质要求，是习近平经济思想人民性的重要体现。习近平总书记指出，时代是出卷人，我们是答卷人，人民是阅卷人。改革发展搞得成功不成功，最终的判断标准是人民是不是共同享受到了改革发展成果。在整个发展过程中，都要注重民生、保障民生、改善民生，让改革发展成果更多更公平惠及广大人民群众。近几十年来，我国创造了经济快速发展和社会长期稳定两大奇迹，人民群众的生活水平不断提升。与此同时，部分群众仍面临养老、医疗、就业、住房、教育等方面的压力。我们要采取一系列措施，着力解决这些人民群众关切的重大民生问题，不断增强人民群众获得感、幸福感、安全感。

三、坚定不移走共同富裕的道路，怎样体现习近平经济思想的人民性？

记　者："治国之道，富民为始。"坚定不移走共同富裕的道路，怎样体现习近平经济思想的人民性？

艾四林：共同富裕是马克思主义的一个基本目标。马克思、恩格斯设想，在未来社会中，"生产将以所有人的富裕为目的""所有人共同享受大家创造出来的福利"。习近平总书记强调，消除贫困、改善民生、实现共同富裕，是社会主义的本质要求。坚定不移走全体人民共同富裕道路，是习近平经济思想人民性的必然要求。

我们党始终带领人民为创造美好生活、实现共同富裕而不懈奋斗。党的十八大以来，党中央团结带领全国人民坚决打赢脱贫攻坚战，在中华大地上全面建成小康社会，实现"小康路上一个都不能掉队"，在实现共同富裕的道路上迈出了坚实的一大步。我国社会主要矛盾已经转化为人民日益增长的美好生活需要和不平衡不充分的发展之间的矛盾，人民对美好生活、实现共同富裕的期待越来越高，推进全体人民共同富裕进入一个新的历史阶段。新时代新征程，我们要适应我国社会主要矛盾新变化，顺应人民群众对美好生活的新向往，把促进全体人民共同富裕作为为人民谋幸福的着力点，把逐步实现全体人民共同富裕摆在更加重要的位置，不断推动全体人民共同富裕取得更为明显的新进展，进而到本世纪中叶全体人民共同富裕基本实现。

我们追求的富裕是全体人民共同富裕。我们推动经济社会发展，归根结底是要实现全体人民共同富裕。我们说的共同富裕，不是少数人的富裕，是全体人民共同富裕。贫穷不是社会主义，两极分化也不是社会主义。在实现现代化过程中要逐步解决好共同富裕问题，绝不能出现"富者累巨万，而贫者食糟糠"的现象，要着力保障和改善民生，优化收入分配结构，把不断做大的"蛋糕"分好，解决发展不平衡不充分问题，缩小城乡区域发展差距，实现"共同富裕路上，一个不能掉队"。

共同富裕依靠人民来创造。发展仍然是解决我国一切问题的基础和关键，没有发展就没有共同富裕。空谈误国，实干兴邦。"一百年来，我们取得的一切成就，是中国共产党人、中国人民、中华民族团结奋斗的结果"。天上不会掉馅饼，勤劳创新才能致富，全面小康是几代奋斗者苦干实干、接续奋斗出来的，实现共同富裕，同样需要人人参与、人人尽力，要靠全体人民共同奋斗。因此，促进共同富裕，必须坚持以人民为中心的发展思想，必须紧紧依靠人民创造历史，充分调动人民群众的积极性、主动性、创造性，在高质量发展中促进共同富裕。

16 树立群众观点，贯彻群众路线①

　　2013年4月19日，中共中央政治局召开会议，决定从2013年下半年开始，用1年左右时间，在全党自上而下分批开展党的群众路线教育实践活动。2013年5月9日，中共中央下发了《关于在全党深入开展党的群众路线教育实践活动的意见》，明确了党的群众路线教育实践活动由中央政治局带头开展。2013年6月18日，在党的群众路线教育实践活动工作会议上，习近平总书记强调，群众路线是我们党的生命线和根本工作路线。这一系列的举措，表明了中央对党的群众路线教育实践活动的高度重视。那么，如何认识党的群众路线教育实践活动的必要性与重要性？如何理解马克思主义群众观点？如何深刻认识党的群众路线的科学内涵？如何处理好个人与人民群众之间的关系？厘清这一系列思想认识问题对于我们开展好党的群众路线教育实践活动具有重要意义。为此，本刊记者采访了清华大学马克思主义学院院长、博士生导师艾四林教授。

---

① 《思想教育研究》2013年第8期，访谈记者李江静。

一、在全党深入开展党的群众路线教育实践活动的必要性与重要性

记　者: 艾教授您好! 当前,党的群众路线教育实践活动已在全国范围内展开。首先,请您简要谈谈开展这一活动的必要性与重要性。

艾四林: 2013年6月18日,在党的群众路线教育实践活动工作会议上,习近平总书记强调,开展党的群众路线教育实践活动,是我们党在新形势下坚持党要管党、从严治党的重大决策,是顺应群众期盼、加强学习型服务型创新型马克思主义执政党建设的重大部署,是推进中国特色社会主义的重大举措,对保持党的先进性和纯洁性、巩固党的执政基础和执政地位,对全面建成小康社会,具有重大而深远的意义。习近平总书记同时强调,开展党的群众路线教育实践活动,是实现党的十八大确定的奋斗目标的必然要求,是保持党的先进性和纯洁性、巩固党的执政基础和执政地位的必然要求,是解决群众反映强烈的突出问题的必然要求。

习近平总书记对党的群众路线教育实践活动的必要性与重要性进行了充分论述,在此基础上,我们还可以从以下三点出发,对这一问题进行理解。

第一,从历史角度来看,有两条经验值得总结提炼。一是从我们党的成长和发展壮大的历史以及从中国革命、建设和

改革成功的历史来看，一条重要的经验就是党的事业必须得到人民群众的拥护才能不断取得胜利。如果得到人民群众的拥护，党的事业的顺利推进就有了坚实的保障；如果脱离人民群众，就会失去人民群众的支持，党的事业就会因此而受挫。二是中国共产党从成立至今，都十分强调党自身的建设，特别是强调党和人民群众关系的问题，也因此进行了相应的群众路线教育实践活动，这在重大的历史关头都起到了良好的效果。所以，开展党的群众路线教育实践活动不是搞形式主义，而是切切实实地从历史中总结出来的经验。党的十八大以后，党和国家面临着艰巨的发展和建设任务，在这一历史时期，党再次把群众路线教育实践活动提上重要的议事日程，我想也是基于历史经验的总结。

第二，从理论角度来看，开展党的群众路线教育实践活动是由党的性质决定的。我们党是一个马克思主义政党。马克思主义的精髓就是代表大多数人的根本利益，是为了大多数人的解放和自由；马克思主义政党和非马克思主义政党之间的根本区别，就在于是否代表了广大人民群众的根本利益，是否和广大人民群众有着密切的联系。因此，马克思主义政党应当保持和人民群众的鱼水关系，这是由党的性质所决定的。

第三，从现实的角度来看，有三点需要引起我们的注意。

一是党的群众路线教育实践活动是我们党永葆先进性、

纯洁性的需要。中国共产党从成立之初一个不为人知、人数不多的小党,发展成为现在拥有8500多万党员的世界第一大党,需要特别注意保持先进性和纯洁性这一问题。一方面,随着党的规模不断扩大和党员数量的不断增多,党的质也相应受到影响,甚至是一定程度上的负面影响,因此,保持党的先进性和纯洁性是特别需要引起我们重视的一个问题。另一方面,新中国成立以来,我们面临的世情、国情、党情都发生了深刻变化,我们保持党的先进性和纯洁性的任务比以往任何时期都更加艰巨,因此,应该更加积极主动地发展党的先进性和提高党的纯洁性。要做到这一点,就必须积极开展党的群众路线教育实践活动。为什么这样说? 这是因为,从根本上来说,只有能够代表最广大人民群众根本利益的政党才是一个先进的政党,能够与最广大人民群众同呼吸、共命运的政党才是一个纯洁的政党。

二是党的群众路线教育实践活动是巩固和扩大我们党的执政基础和执政地位的需要。执政的合法性与执政的基础是任何一个政党都会追问的话题,西方国家的政党通过选票堆积执政基础和奠定执政合法性,而作为一个长期执政的政党,我们党的执政基础在哪里? 如何去巩固执政地位? 对于这一问题的回答,就是人民群众的拥护和支持。这就是说,作为一个国家的执政党,只有得到这个国家大多数人的支持,才具备坚实的执政基础,因此,我们党只有不断取得人民群众的支持，不断扩大执政基础，才能够更好地巩固执政地位。当下，我们党面临着脱离群众的危险，特别是一些党员干部产生了麻痹思想，忽视了群众路线，把自己看成高高在上的领导，导致党内"四风"（即形式主义、官僚主义、享乐主义和奢靡之风）问题的产生。党内"四风"问题的产生不仅是给我们党敲的一个警钟，也说明了党的群众路线教育实践活动的重要性与必要性。

三是党的群众路线教育实践活动是实现党的十八大确定的奋斗目标的实践需要。党的十八大确立了"两个一百年"的奋斗目标，即在中国共产党成立一百年时全面建成小康社会；在新中国成立一百年时建成富强、民主、文明、和谐的社会主义现代化国家。此外，在这两个目标的基础上，我们要实现中华民族伟大复兴。这三项任务的实现都是一个长期而艰辛的过程，都需要充分发挥人民群众的主观能动性，都需要全国人民共同的努力；同时，这三项任务的实现也取决于我们党的执政能力，需要我们党不断加强自身建设，不断密切和人民群众的联系。

综上所述，无论从历史的角度来看，从理论的角度来看，还是从现实的角度来看，党的群众路线教育实践活动都是非常重要的，是符合国情、党情和民情的。

二、践行党的群众路线，必须树立马克思主义的群众观点

记　者： 要践行党的群众路线，必须树立马克思主义的群众观点。请您谈谈如何正确看待人民群众在历史上的作用，以及人民群众与个人历史作用之间的关系。

艾四林： 对于人民群众在历史上的作用，不同的历史观有不同的回答。从哲学史来看，在马克思主义产生之前，绝大多数思想家持的是英雄史观，并且人们也习以为常，仿佛历史就是由少数英雄人物创造的。即使在当下，一些历史作品、一些电视剧所反映出来的观点，也不乏英雄史观。为什么会出现这个情况？我们应该怎样去看这个问题？我想，这就涉及方法的问题，也就是说我们看待历史，究竟应该看表象，还是看实质？从表象来看，在前台表演的就是英雄人物，人们往往看不到人民群众的作用，因此，这些英雄人物就往往成为历史作品或影视剧的主要角色。但考察历史不能看表象，而应该看本质。马克思就通过自己对历史的敏锐洞察和深刻研究，得出了与以往学者不同的观点，即人民群众创造历史的观点，这一观点也被我们称为群众史观。与以往的思想家不同，马克思不是从一种精神、一种意识、一种文化出发来看待历史，而是从精神和意识背后的物质力量、物质因素，特别是从物质生产出发来看待历史，这就是唯物史观。马克思分析社会历

史的逻辑起点，如实践、生产活动、现实的人，跟以往思想家分析历史的框架都是不一样的，他从这些因素出发去寻找历史的主体，最终发现了历史的主体、实践的主体是广大的、从事生产劳动的人民群众。人民群众既是生产活动、实践活动的主体，也是历史发展、社会变革的主体。可以看到，马克思的思想有着一致的逻辑，从他的唯物史观到群众史观，是一脉相承的。因此，我们认为，从英雄史观到群众史观，不仅是历史观上的一个革命性变革，而且是区分唯心主义和唯物主义的标志。群众史观，或者说唯物史观的提出，让我们清晰地认识到，人民群众是物质财富和精神财富的真正创造者，是社会变革的最主要的力量，是历史的主体。

对于人民群众与个人历史作用之间的关系，我们应该从马克思主义群众史观出发来进行认识。马克思主义群众史观，并不是把个人和人民群众对立起来，而是将二者作为一对辩证统一的关系。一方面，人民群众是由许多个人集合而成的，离开了个人，人民群众的概念就不复存在；另一方面，人民群众又不是个人的简单叠加，个人要想在社会中发挥作用，就必须能够代表人民群众的根本利益，能够反映人民群众的意志与愿望。在现实生活中，我们很容易看到表象，并由此认为是英雄人物在创造历史。比如，在工作单位中，我们容易看到最耀眼的个人，但往往忽视了大多数人在这个单位中的作用。事实上，耀眼的个人要能符合大多数人的意志才能脱颖而出，没有哪个英雄人物是命中注定的。一些人持有"宿命论"思想，认为个人的成就是命运给予的，与人民群众没有关系。这种侥幸思想可能在一时能够行得通，但如果个人长期都被这种思想左右，就会对自身的发展造成负面影响。与这种思想不同，我们应该充分认识到，人民群众的力量就像浪潮一样，个人想要成为英雄人物，就必须在顺应潮流发展的同时又勇立浪潮前头。所谓"时势造英雄"，"时势"就是由人民群众所缔造，而英雄人物正是因为洞察了这种形势，善于顺应这种形势，才能够成为时势下的"弄潮儿"。反之，如果个人背离了人民群众的利益，不能够反映人民群众的意志和愿望，就会被"时势"所抛弃，在这种情况下，即便是英雄人物，其个人作用也发挥不出来。综上所述，我们认为，人民群众与个人历史作用之间是相辅相成、辩证统一的关系。

三、全面深刻理解党的群众路线的科学内涵

记　者：请您谈谈，我们应该如何全面深刻地理解党的群众路线的科学内涵？

艾四林：党的群众路线的内涵已经非常清楚了，即"一切为了群众，一切依靠群众，从群众中来，到群众中去"。那么，如何全面深刻地理解党的群众路线的科学内涵？我认为可以从三个层次出发进行理解：一是"群众立场"，二是"群众观

点"，三是"群众方法"。这三者之间构成一个环环相扣的理论体系，缺一不可。方法从哪儿来？是从观点里面引出来的。观点从哪儿来？是从立场引出来的。在现实中，我们往往可能只重视方法，而忽视了观点和立场。事实上，如果只讲工作方法，不能从根本上解决问题，只有厘清了三者之间的逻辑关系，明确了三者都是不可或缺的，才能真正理解党的群众路线的科学内涵。

第一，群众立场。群众立场是指党员干部应该站在群众立场上去看问题，去想问题。立场决定一切。作为一个马克思主义政党，应该从群众史观出发，坚持"群众主体论"，而不能坚持"英雄主体论"。这两种观点事实上代表了两种不同的立场："英雄主体论"者往往从英雄人物的立场出发，或站在某个集团的立场上来说话；而"群众主体论"者是站在广大人民群众的立场上来看待问题和解决问题。党的群众路线需要回到"立场"这个根本点上来，如果不解决这个根本，只讲一般的工作方法，便不能够或者从根本上解决问题。因为工作方法是第三层次的问题，如果"立场"这个第一层次的问题没解决，第三层次就不能起作用。在立场没有转变的情况下，即便是方法起了作用，那也是在高压态势下或舆论氛围下起的短暂作用，而一旦高压态势或舆论氛围消失，事情又会回到原来的状态。那么，马克思主义的根本立场是什么？就是人民群众的立场。所以，我们群众路线的立场应当是人民群众的立场。这正如"为人民服务""以人为本"所反映的那样，立场问题是根本。

第二，群众观点。要坚持人民群众的立场，还得有群众观点的支撑。坚持群众观点，例如人民群众创造历史的观点，就要承认创造价值、创造历史的主体力量是人民群众。"一切为了群众，一切依靠群众"就是基于人民群众的立场而推导出来的基本的群众观点。

第三，群众方法。群众方法是基于群众立场和群众观点形成的一种思想方法，再由思想方法而转化成的一种工作方法。例如，"从群众中来，到群众中去"，实际上是一种思想方法，而怎样贯彻和落实"从群众中来，到群众中去"的思想，才是具体的工作方法。例如，党员干部在贯彻群众路线的过程中，有了深入到基层的想法，这还仅仅停留在认识层面，只有真正到基层去走一走、在群众炕头上坐一坐、与群众聊一聊等实际的行动，才是具体的工作方法。有了具体的工作方法后，再转化为"从群众中来，到群众中去"的认识，反过来又可以提升思想方法，这一转化过程，就是"实践—认识—再实践—再认识"的过程，是我们寻求正确认识的基本方法与途径。只有建立在这一过程基础上的思想方法，以及在这一思想方法所指导下的工作路径、工作方法，才是正确的、科学的群众方法。

当下，不少党员干部对群众路线的认识停留在"怎样做"的层面，但不了解"是什么""为什么"。因此，我在这里把"群众路线"的科学内涵分为群众立场、群众观点、群众方法这三个层次，这样划分有利于将"群众路线"的内涵解释清楚。只有弄清楚内涵，才能更好地解决问题。反之，如果弄不清内涵，解决问题时就容易片面化、形式化，不能使问题从根本上得到解决。

四、如何更有效地开展教育实践活动

记　者：对于正在开展的党的群众路线教育实践的活动，尤其是教育科研部门如何更有效地开展教育实践活动，您有什么意见和建议？

艾四林：2013年4月19日，中共中央政治局会议强调，开展党的群众路线教育实践活动，要把贯彻落实中央八项规定作为切入点，进一步突出作风建设，坚决反对形式主义、官僚主义、享乐主义和奢靡之风，着力解决人民群众反映强烈的突出问题，提高做好新形势下群众工作的能力，保持党同人民群众的血肉联系，发挥党密切联系群众的优势。2013年7月5日，教育部下发的《中共教育部党组关于印发〈教育部深入开展党的群众路线教育实践活动实施方案〉的通知》指出，要紧密联系教育工作和党员干部思想实际，要认真查摆、集中解决在形式主义、官僚主义、享乐主义和奢靡之风方面存在的突出问题，教育引导党员干部强化宗旨意识，树立群

众观点，要切实做到信念坚定、为民服务、勤政务实、敢于担当、清正廉洁。具体而言，要有效地开展教育实践活动，我认为应该从以下四个方面着手。

第一，紧扣实效性开展工作。如何紧扣实效性？一是要切忌搞形式主义。现在老百姓对"不求实效，只求形式"的行为深恶痛绝，如果我们这次的教育实践活动只是搞形式、走过场，不仅不能密切与人民群众的关系，得不到人民群众的拥护，反而会导致与群众关系的疏远，甚至失去人民群众的支持。二是要在开展党的群众路线教育实践活动的过程中，以实效作为检测的标准，具体来说，实效性就体现在通过这次教育实践活动，我们的党员干部是否在思想认识方面得到了提高，是否与群众的关系更加密切。因此，实效性是我们最主要抓的一个问题。

第二，抓住主要矛盾。抓主要矛盾是为了活动的开展更有成效，是要使教育实践活动有针对性，是要让群众最关切的问题得到解决；相反，如果什么都想抓，什么都想解决，不仅成效不明显，还有可能适得其反。因此，我们要善于抓主要矛盾，并集中力量解决突出问题。这个主要矛盾是从全党的范围来讲的，就全党范围来说，当前党风建设面临的主要问题是党员干部脱离人民群众的问题。而脱离群众最主要的表现又是什么？就是党内"四风"问题。因此，只有解决好党内"四风"问题，才能够更好地推动党的群众路线教育实践活动的

开展。要解决这一问题，具体到每个单位而言，就是要研究
"四风"问题在这个单位的突出表现是什么。高校也不例外，
我们只有真正清楚了高校"四风"问题的主要特点和主要表
现形式，才能够清楚高校党员干部脱离群众的症结究竟在哪
里。比如，官僚主义在高校的特点和表现是什么？由于高校的
性质与政府机关有很大的不同，因此官僚主义在高校的特点
与表现也必定不同于政府机关。如果一所高校将内部的机构
都设置为处、科，或者高校中的党员干部对其他教职工颐指
气使，就是官僚主义在高校的一种表现；比如形式主义，一些
高校不顾学校的实际情况，盲目攀比，盖奢华的大楼却没有
高水平大师，片面追求科研文章的数量但质量却远远跟不上
等，都是突出表现；比如享乐主义，一些高校的党员干部动用
公款大吃大喝，用行政指派的方式坐享科研成果等，都是享
乐主义的表现；再比如奢靡之风，有的高校建一个校门就花
费几千万元，科研实力跟不上却要购买进口的昂贵设备等，这
种奢靡浪费之风，在一些高校中十分严重。因此，高校系统
应该认真梳理面临的具体问题，重点抓面临的具体的主要
矛盾。

　　第三，解决人民群众反映强烈的突出问题。解决问题的
根本，是要将问题准确地查找到，只有准确地查找到了问题，
才能够找到解决问题的办法，也才能够切实地解决问题。实
际上，老百姓最关心也最担心的，莫过于这次教育实践变成

"走过场""一阵风"。因此，我认为，找到解决群众反映突出问题的长效办法，才是密切联系群众的根本之道。有的党员干部在出现问题时才采取办法把出现的问题处理一下，或者把老百姓暂时安抚一下，没有从根源上解决问题，特别是没有从制度层面去解决问题。事实上，要解决人民群众反映强烈的突出问题，归根结底要从制度上入手。改革开放30多年来，如果要总结一些经验教训，我个人认为需要总结的一点就是我们提改革提得多，而稳定提得相对少了一些。这里的稳定不是指社会稳定，而是指改革中一些应该长期坚持的东西，我们坚持得不够。对于这一点，我们应该善于总结改革开放实施过程中一些好的经验，并积累下来、延续下来、巩固下来，形成长效的机制。我们一直强调改革，这是正确的，也是应当坚持的，改革是我们的主旋律，但是在改革过程中，如果我们把一些好的做法、好的经验，上升到一个体制或制度的层面，就能够让它们延续下来，并进一步支撑我们的改革。相反，如果缺乏连续性和稳定性，就会让整个社会充满偶然性，就容易导致人们产生投机心理。如果一个社会人人都持有投机心理，都进行投机活动，那必定是十分可怕的。制度问题，反映到党的群众路线教育实践活动层面也是同样的道理。例如，我们在开展活动期间，送钱给经济困难的群众能够暂时缓解他们的实际困难，但是，在活动开展结束后，这些经济困难的群众仍然面临着贫穷的实际问题。再例如，在开展群众路线教育实践活动期间，一些党员干部临时性地采取惠民政策，为老百姓短暂地解决了一些具体问题，那么在考评时，群众的打分就会相应增高；但一段时间以后，一切又回归原样。上述问题的根源，就是因为没有建立长效机制，造成了部分党员干部的投机心理。因此，我认为要解决问题，就要健全一套制度。例如：针对解决经济困难群众的问题，就应该建立一整套提高他们知识文化水平、保障他们就业的制度，以有效地、持续地解决问题；对于惠民政策，也要有相应的制度保障，使其实施真正落到实处。当我们将好的经验上升为制度，并使其固定下来，即便改革，也是在稳定的基础进行的时候，就能够避免社会投机心理的产生。所以，归根到底，我们要从制度层面去解决人民群众最迫切，最关心的问题。

第四，知行合一。要使我们正在开展的党的群众路线教育实践活动取得成效，就要坚持知行合一原则，并从知行统一的高度推进活动的开展。目前，我们很多党员干部存在着知行不一的问题。为什么会出现这个现象？我想，是因为知亦难，行亦难，知行统一更难。然而，要达到活动开展的实效性，这三个方面缺一不可。一是"知"的问题。我们要提高各个方面的认识不是一件容易的事，并且这一认识不能是基于表象的认知，而应该从根本上去认知。二是在"知"的基础上"行"。"行"不是做表面文章，而是切切实实的"行"之有效。三是要在"真知""真行"的基础之上达到"知行合一"。

我们开展党的群众路线教育实践活动，就是要达到这一最难的程度。由于我们组织、干部能否做到"知行合一"，事关我们群众路线教育实践活动的成效，所以我们在这方面要下大力气。

要做到知行合一，应主要抓好五点，即"知""信""能""情""制"。第一个层次是"知"的问题。"知"要"真知"，而且要从根本上知。有的党员干部已经做到了"知"，但为什么不能做到"知行合一"？这就涉及第二个层次，即"信"的问题。例如，有的干部口头上承认人民群众创造历史，但内心却认为还是英雄创造历史，因此，还得解决"真信"的问题。有的干部"真知"也"真信"，但还是不能做到"知行合一"，这就涉及第三层次的问题，即"能"的问题。我们现在讲人民群众和干部的关系是一种主仆关系，是一种服务关系，但只讲这个还不够，作为执政党，还必须承担起对群众的引领和引导的责任。因此，我们的党必须通过向人民群众学习、在实践中学习，来提高执政能力。那么，是不是做到"知""信""能"这三点，就能够做到"知行合一"呢？还不行，这里还有第四个层次的问题，即"情"的问题。要长久地做到"知行合一"很难，这需要我们的党员干部有"知行合一"的主观愿望和坚强的意志，有对群众的敬畏之情、感恩之情，唯其如此，才能跟人民群众心连心。如果缺乏了"情"的支撑，就很容易在面对困难和挫折时偏离群众路线，难以坚持下去。第五个层次的问题，是"制"的问题。坚持群众路线光靠个人的修为是不够的，还需要通过制度方式来体现。我想，做到以上五点，就能够做到"知行合一"，而做到"知行合一"，就能够使正在开展的党的群众路线教育实践的活动取得满意的效果。

记　者： 在开展党的群众路线教育实践活动的过程中，您认为有哪些应该值得注意的问题？

艾四林： 正在开展的党的群众路线教育实践活动，的确有一些需要引起我们关注的问题，尤其需要注意以下三个方面的问题。

第一，认清党内"四风"问题的内涵。我们反对的是形式主义、官僚主义、享乐主义和奢靡之风这"四风"问题，而不是一般地反形式、反党员干部、反享乐。这几者的关系需要区分清楚，不能一概而论。一是形式不是形式主义，不能对形式进行盲目反对。形式和内容是有机统一体，内容决定形式，形式促进内容，二者缺一不可。脱离了形式的内容，是麻木的、杂乱无章的内容；反过来讲，脱离了内容的形式就是空洞的、抽象的形式。所以，我们反对的是"唯形式"，即脱离了具体内容的、空洞的、虚假的形式，并不是反对一般意义上的形式。如果反对所有的形式，就从一个极端走向了另一个极端。那么，什么是形式主义？我举个例子，现在我们有些地方搞新农村建设，并不是以改善人民群众的生活为目标，而是为了好看，为了应付检查，这就叫形式主义。给农民盖新房，应该以改善广大农民群众的生活为目的，使农民群众真正得到实惠，如果这一目的没有达到，就是一种虚假的行动，一种形式主义的行为。二是官员也不代表官僚主义，我们反对官僚主义，反对的是一种官僚的做派和习气，并不是反对官员本身。如果盲目反对官员，甚至仇官、恨官，就会造成群众与官员之间的对立情绪，不利于建立良好的干群关系。良好的干群关系是什么？就是群众与党员干部之间相互尊重、互为平等的关系。党员干部要平等地对待广大人民群众，人民群众也要平等地对待党员干部，尊重我们的党员干部，从而形成二者之间良好的互动关系。三是享乐主义与奢靡之风不等于一般意义的享受和快乐。社会主义建设的根本目的是人民幸福，就是让人民过上幸福、快乐的生活，因此，建立在现有物质基础之上的享受与快乐不是享乐主义，也不是奢靡之风，如果反对任何意义上的享受，那也就不符合实际了。因此，在开展党的群众路线教育实践活动的过程中，认清党内"四风"问题的内涵是首要关注的一个问题。

第二，清醒认识党员干部与人民群众利益的一致性。社会主义现代化建设的根本目的是人民幸福。现在我们讲"中国梦"主要是三个维度，即国家富强、民族振兴、人民幸福，最终落脚点是让人民过上幸福快乐的生活。因此，要引导党员干部认清自身也是人民群众中的一员，充分认识到二者利益一致性这一点，只有这样，才能提高党员干部践行群众路线的自觉性。

第三，党员干部要有先人后己的精神。作为党员干部，应该追求一种因社会的进步而带来的快乐，而不仅仅是个人的快乐。当党员干部因社会进步、人民幸福而获得快乐时，就具备了崇高的精神境界，这也是我们在任的党员干部应有的精神境界；相反，如果我们的党员干部把个人快乐置于社会快乐之上，把个人的奢华富裕建立在人民群众的劳苦贫穷之上，这样的党员干部就必定长久不了。对于这一问题，我们党员干部应该时刻保持清醒的认识。

17 历史照亮未来，奋斗铸就辉煌①

　　习近平总书记在庆祝中华人民共和国成立70周年大会上的重要讲话，缅怀了革命先辈和烈士们，追溯了新中国70年发展历史，展现了新中国所取得的伟大成就，显示了中国坚持和平发展道路、维护世界和平、推动共建人类命运共同体的决心和信心，引起了社会各界热烈反响。为全面理解习近平总书记重要讲话精神，本报专访了参加庆祝大会的清华大学马克思主义学院院长艾四林教授。

一、总有一些时间节点，让我们心潮澎湃、永远铭记

　　记　者：习近平总书记在庆祝中华人民共和国成立70周年大会上的重要讲话，给您留下的印象是什么？

　　艾四林：非常荣幸在庆祝大会现场聆听了习近平总书记的重要讲话，听后心潮澎湃，很受震撼，很受鼓舞。

---

① 　《中国纪检监察报》2019年10月10日，访谈记者张树军。

这篇重要讲话高屋建瓴，内涵丰富，意义重大。既总结了新中国70年的辉煌历程和宝贵经验，又指明了未来的光明前景和前进方向。具体而言，主要有以下三个特点。

一是高度凝练，意蕴深远。这篇8分多钟、800多字、赢得8次雷鸣般掌声的重要讲话，是充满自豪的宣示，是满怀信心的宣言，点燃了全体中华儿女的奋斗豪情。

二是充满自信，展现风范。如"中国的昨天已经写在人类的史册上，中国的今天正在亿万人民手中创造，中国的明天必将更加美好"等话语，充分展现了习近平总书记的高度自信和大国领袖风范。

三是铿锵有力，掷地有声。如"今天，社会主义中国巍然屹立在世界东方，没有任何力量能够撼动我们伟大祖国的地位，没有任何力量能够阻挡中国人民和中华民族的前进步伐"等话语，既展现了中国力量，又向世界发出了中国最强音：中国必然走向辉煌，中国人民必然过上美好生活。

记　者：习近平总书记的重要讲话既缅怀了革命先辈和烈士们，又回顾了70年前的今天，以及对今天中国的意义，您怎么理解？

艾四林：历史是最好的教科书，也是最好的清醒剂。不了解中国的过去，就不能很好地认识现在、开辟未来。习近平总书记借这个重要历史契机，向革命先辈和烈士们致敬，向历史致敬，是在身体力行地为我们每一位中华儿女率先垂范。

回顾历史，是因为我们的今天来之不易。近代以来，中华民族饱经磨难、久经考验，山河破碎、民不聊生，处于半殖民地半封建社会的境地，受人欺凌、任人宰割。正是新中国的成立，标志着这一切成为过去。诚如习近平总书记所讲，"70年前的今天，毛泽东同志在这里向世界庄严宣告了中华人民共和国的成立，中国人民从此站起来了。这一伟大事件，彻底改变了近代以后100多年中国积贫积弱、受人欺凌的悲惨命运，中华民族走上了实现伟大复兴的壮阔道路"。

从站起来、富起来到强起来标志着新中国70年的辉煌历史，这是一个连续的历史过程。同时，每一个历史阶段都有其特征。比如，站起来就为富起来、强起来奠定了坚实基础，也是中华民族伟大复兴的前提和基础。如果没有站起来，就没有民族独立、没有国家主权，就不可能有国家富强、民族振兴，更不可能有人民幸福。

所以我们在满怀喜悦地享受今天的辉煌成就时，就更不能忘记革命先辈和烈士们为中华民族站起来所付出的艰苦卓绝的努力、斗争和贡献。

二、前进征程上，我们要坚持党的领导、人民主体地位、中国特色社会主义道路

记　者：习近平总书记重要讲话强调，前进征程上，我们要坚持中国共产党领导，坚持人民主体地位，坚持中国特色社

会主义道路，全面贯彻执行党的基本理论、基本路线、基本方略，不断满足人民对美好生活的向往，不断创造新的历史伟业。其中第一条就是坚持中国共产党领导，您怎么理解？

艾四林：办好中国的事情，关键在党。这是历史的总结。中国共产党之所以能够赢得人民的信赖，之所以成为历史的选择，是因为它对历史、对人民作出了巨大贡献。自成立之日起，中国共产党就把为人民谋幸福写在旗帜上，接过了中华民族伟大复兴的接力棒。新中国70年发展的历史经验，最重要的就是坚持中国共产党领导。

党的领导不是自封的，党带领全国各族人民，艰苦奋斗，历经革命、建设和改革，取得了令世界刮目相看的伟大成就，以行动和所创造的伟业证明了自己是能的。"时代是出卷人，我们是答卷人，人民是阅卷人。"中国共产党不仅交出了人民满意的答卷，也再次证明了它的伟大、光荣、正确。中国共产党领导是中国特色社会主义最本质的特征，也是我们最大的政治优势。

三、面向未来，只有坚持中国共产党领导，我们才能不断前行，取得一个接一个的胜利

记　者：习近平总书记重要讲话强调要坚持人民主体地位，为什么？

艾四林：中国共产党是马克思主义政党，人民立场是

马克思主义的根本立场。诚如毛泽东指出，人民，只有人民，才是历史的创造者。

我们的国家是人民共和国，人民当然是国家的主人。中国共产党是人民的政党，始终以为人民服务为宗旨，始终将人民放在心中最高位置，从为人民服务到以人民为中心，这些重要理念既是人民政党的必然要求，也是我们党"不忘初心、牢记使命"的生动体现。

中国共产党之所以在革命、建设和改革中取得伟大成就，是因为依靠人民和坚持人民主体地位。这既是历史的经验，也是我们现在实现"两个一百年"奋斗目标的必然要求。同样，全面建成小康社会，实现中华民族伟大复兴的中国梦，也必须紧紧依靠人民来实现。因此，必须相信人民、依靠人民，尊重人民的主体地位和首创精神，必须让人民群众共享改革发展成果，最大限度地发挥人民群众的积极性、主动性、创造性。

记　者: 习近平总书记重要讲话强调坚持中国特色社会主义道路，您怎么理解?

艾四林: 旗帜就是方向，道路决定命运。在中国发展方向的重大原则问题上不能出现颠覆性错误。

事实已经证明，中国取得伟大成就的一个重要原因，就是找到了一条适合中国国情的发展道路，这就是中国特色社会主义道路。这是一条国家富强、民族振兴、人民幸福之路，是正确之路。现在我们对这条路更加自信。

中国特色社会主义道路开创不易，要倍加珍惜，必须旗帜鲜明，毫不动摇地走下去。诚如习近平总书记所讲的，我们既不走封闭僵化的老路，也不走改旗易帜的邪路。要坚定走中国特色社会主义道路的信心和决心。

记　者：习近平总书记重要讲话强调要全面贯彻执行党的基本理论、基本路线、基本方略，为什么？

艾四林：这一重要论述深刻表明了党的基本理论、基本路线和基本方略的重要性。中国特色社会主义进入了新时代，要更好地引领党和国家事业的发展，就必须全面贯彻执行党的基本理论、基本路线和基本方略。

科学理论是时代精华。中国共产党历来重视理论建设、理论武装和理论指导。70年来，我们坚持把马克思主义基本原理同中国具体实际相结合，不断推进实践基础上的理论创新。如今，中国特色社会主义进入了新时代，就要全面深入学习贯彻习近平新时代中国特色社会主义思想。

党的基本路线是党和国家的生命线。历史和现实证明，只有按照党的基本路线坚定不移干下去，才能把我国建设成社会主义现代化强国。所以要始终坚持一个中心、两个基本点，牢牢把握社会主义初级阶段这个基本国情。

党的十九大报告中提出坚持和发展中国特色社会主义的基本方略，即"十四个坚持"，这是实现"两个一百年"奋斗目标的路线图和方法论,每一条都有很强的现实针对性和指导性。

四、新时代再启航,我们要紧密团结、继续奋斗

记 者:习近平总书记重要讲话强调,要坚持"和平统一、一国两制"的方针,保持香港、澳门长期繁荣稳定,推动海峡两岸关系和平发展,团结全体中华儿女,继续为实现祖国完全统一而奋斗,有何深意?

艾四林: 保持香港、澳门的长期繁荣稳定,实现祖国完全统一,是实现中华民族伟大复兴中国梦的必然要求。

讲话展现对贯彻"一国两制"的坚定决心。只有全面准确贯彻"一国两制"方针,才能确保其在实践中不变形、不走样,香港、澳门才能与祖国内地同发展、共进步,明天一定会更好。

讲话表达了对祖国和平统一的强烈信念。中华民族伟大复兴的中国梦,既是建设现代化强国之梦,也是实现祖国完全统一之梦。实现祖国完全统一,是大势所趋、大义所在、民心所向,是任何人任何势力都无法阻挡的。

实现中国梦,需要全体中华儿女的团结一致。诚如习近平总书记所讲,团结是铁,团结是钢,团结就是力量。团结是中国人民和中华民族战胜前进道路上一切风险挑战、不断从胜利走向新的胜利的重要保证。我们要高举团结的旗帜,凝聚成一往无前的力量,要反对一切分裂国家的活动,共同为实

现中华民族伟大复兴的中国梦而奋斗。

记　者: 习近平总书记重要讲话强调要坚持和平发展道路,您怎么理解?

艾四林: 向世界宣示了中国坚定不移走和平发展道路。中国发展了,中国强大了,中国决不会走强国必霸的西方老路。中国比任何一个国家都更懂得和平的珍贵。新中国70年的发展,特别是改革开放40多年来的高速发展,更证明了一个道理,没有和平就没有发展。70年来,中国为世界和平发展作出了积极的贡献。中国的发展对世界不是威胁,而是机遇。

当今世界面临百年未有之大变局。建设什么样的世界,怎样建设这样的世界,是人类面临的重大课题。坚决维护世界和平、同世界各国人民一道推动建设人类命运共同体,这是应对人类重大挑战的中国方案,已经得到世界上越来越多的国家和国际组织的认同。

记　者: 习近平总书记重要讲话强调了奋斗,为什么?

艾四林: 空谈误国,实干兴邦,再好的蓝图,没有奋斗,也是空想。奋斗,是今日中国最嘹亮的号角,是写入中华民族文化基因里的密码。奋斗创造奇迹。新中国70年的历史,就是一部奋斗史。

"两个一百年"奋斗目标,不是轻轻松松就能实现的,需要我们艰苦奋斗、顽强奋斗、接续奋斗。新时代是奋斗的时代,我们要做建设者、奋斗者,不做旁观者、等待者。

2019年10月1日，参加新中国成立70周年庆典大会

18 学精悟透用好马克思主义经典^①

2400多万字、100余位专家学者与编辑团队共同完成……近日,《马克思主义经典文献传播通考》(100卷)全部出版。丛书收集、整理、考证了1949年以前马克思主义在中国传播的主要经典文本,系统反映了从五四运动到新中国成立期间马克思主义在中国文献传播的历程。

为何要对经典著作进行考证研究?党员干部应如何阅读马克思主义经典著作?本报就此对话丛书主编——清华大学马克思主义学院院长、习近平新时代中国特色社会主义思想研究院院长艾四林。

一、通过研究经典著作的版本、译文、文本,揭示中国人对马克思主义学习、理解、接受、运用的过程

记　　者:《马克思主义经典文献传播通考》(下称《通

---

① 《中国纪检监察报》2021年9月14日,访谈记者郝思斯。

考》)有100卷、2400多万字,为何要下如此大力气来收集、整理、考证这些经典文本?

艾四林:党的百年历史,是马克思主义原理同中国实际相结合的历史,同时也是马克思主义经典文献在中国不断传播推广、发扬光大的历史。《通考》收集了我国1949年以前出版的马克思主义经典著作的中文译本,我们对这些经典著作的版本、译文、文本逐本进行考证研究、比较分析,原汁原味地反映每一本经典著作在中国翻译、出版、传播的过程,具体地揭示了每一本经典著作背后的故事。通过对译文、版本、术语发展变化的比较,揭示中国人对马克思主义学习、理解、接受、运用的完整过程,揭示马克思主义与中国具体实际和中华优秀传统文化相结合的历史逻辑,让读者更加具体和真切地感受到真理的力量,感受到马克思主义中国化的逻辑力量。

我们之所以要开展这项工作,有几方面考虑:

一是回答实践中提出的问题,帮助人们更加准确地理解和运用马克思主义基本观点,为推动我国改革开放和社会主义现代化建设事业提供理论资源。为回答时代面临的课题,多年来我国理论界对马克思主义的"经典文本""文本翻译""马克思主义传播史"等方面的问题,进行了研讨。在研究问题中,大家明显感觉到,要讨论清楚这些基本问题,涉及对经典文本基本概念的理解;而经典文本在历史上又有多种,比如,《共产党宣言》,在1949年以前就有6个完整译本。我们把这些文本都收集起来,就可以供大家做比较研究。通过文本的历史比较研究,就可以更加准确地理解马克思主义基本术语背后的基本思想,掌握和运用马克思主义基本原理,回答实践中提出的问题。

二是回答理论发展中的问题,推进我国马克思主义理论乃至整个哲学社会科学的学术体系、学科体系和话语体系建设。从马克思主义理论发展自身看,也需要大力加强经典文本的收集整理工作。比如,要深化马克思主义中国化的研究,就必须首先了解马克思主义经典著作的翻译、出版、学习、运用等过程。又如,要建构中国特色哲学社会科学话语体系,就需要了解我国现代思想史上哲学社会科学的主要术语是怎样形成的,而马克思主义经典文本的翻译在其中发挥了极其重要的作用。所以,把这些经典文本收集起来并做比较研究,就可以深入了解我国话语体系、学术体系的形成史,从而为今天我国哲学社会科学的学术体系、学科体系和话语体系建设服务。

三是为推进马克思主义理论研究和教学的学理性建设作出努力。要加强理论课的学理性,需要做的工作很多,但加强对经典文献的考证研究,是重要举措。只有把历史上的马克思主义经典文献收集整理起来并做深入的考证研究,才能把马克思主义学问做大,才能把经典著作中的思想观点讲深，并能够从文本的历史比较、国际比较中把握中国化马克思主义发展的光辉历程、丰富内涵和历史经验，从而为进一步深化马克思主义理论研究和教学提供深厚的思想资源和学理支撑。

二、经典著作的译本沉淀着中国共产党人对马克思主义理论的执着追求、对中国社会发展道路和走向的理解把握

记　者: 这套丛书的编写思路是什么?

艾四林: 清华大学马克思主义学院与辽宁出版集团合作，邀请国内著名马克思主义理论家、翻译家、出版家担任顾问，组织党史、文献、高校、国家"马工程"权威专家，经过了四年多的努力，顺利完成了《通考》100卷的编写和出版工作。

以通考这种方法对百年来中文版的马克思主义经典文献进行考据和整理性研究，这还是第一次。"马克思主义经典文献传播通考"是一个跨学科、跨专业、综合性、基础性的概念，它是马克思主义学科的范畴，但也是文献学、传播学、翻译学、语言学、历史学、文化学、思想史等学科的概念。这里所说的"马克思主义经典文献"，主要是指中文版的马克思、恩格斯、列宁的著作，斯大林的重要著作也适当列入。这些经典文献在中国的翻译传播，如果从1899年初马克思、恩格

斯的名字和《共产党宣言》的片段文字传入中国算起，迄今已经有120多年时间。

丛书采取基本一致的编写框架。除导论外，各个读本均由4个部分组成。一是原著考证部分，包括对原著的作者、写作、主要内容、文本的出版与传播情况的考证性介绍；二是译本考证部分，包括对译者、翻译过程、主要特点、出版和传播情况的考证梳理；三是译文考订部分，包括对译文的质量进行总体评价，对有关重要术语进行比较说明，对错误译文、错误术语或错误印刷进行查考、辨析和校正性说明；四是原译文影印部分，主要收入完整的原著译本，同时作为附录适当收入前人关于该书的片段译文。

记　者： 在这套丛书中，我们可以读到什么？

艾四林： 今年是中国共产党建党百年，习近平总书记在党史学习教育动员大会上强调，要教育引导全党从党的非凡历程中领会马克思主义是如何深刻改变中国、改变世界的，感悟马克思主义的真理力量和实践力量，深化对中国化马克思主义既一脉相承又与时俱进的理论品质的认识。

从《通考》中我们可以读到，马克思主义在中国的传播过程，也是马克思主义、社会主义和共产主义思想为中国人民所接受的过程。五四运动后，马克思主义在中国的传播渐成高潮，大批先进分子团结在这一思想旗帜下，执着地去认识、翻译、阅读马克思主义的基本著作。在后来几十年里，这么多马

克思主义经典著作被翻译成中文，充分反映了中国人民对这
种先进思想的需要，这种科学的、实践的、革命的理论在古老
中国遇到了知音。

从《通考》中我们还能读到，马克思主义在中国的传播过
程，也是马克思主义理论与中国革命具体实践相结合的过程。
《通考》记录了李大钊、陈独秀、瞿秋白、李达、张闻天等早
期中国共产党人翻译传播马克思主义经典著作的历史，他们
将革命信仰与科学精神融于一体，是马克思主义真理的最早
播火者。

《通考》同时让我们认识到，马克思主义在中国的传播
过程，也是中国共产党人对马克思主义理论认识不断深入的
过程。从翻译版本所使用的概念术语能够感受到这些著作的
字里行间所体现的理论领悟深度，还能够感受到中国先进知
识分子与马克思主义相遇后，从最初的理论欣赏到对其思
想精髓的折服、从对马克思主义的观念认识到真理性认同
的变化。

《通考》也使我们认识到，马克思主义在中国的传播过
程，也是马克思主义不断中国化的过程。马克思主义是适应
中国社会的需要而来到中国的，也是在中国社会的发展变动
中逐步被中国人接受的。因此，从不同翻译版本中可以发现，
马克思主义著作的理论表述中越来越多地有了对中国实践的
理解。

三、学习马克思主义经典著作，从科学理论的历史传承中汲取智慧，增强对新时代党的创新理论的认同

记　者：习近平总书记多次强调，读马列、学毛著，要精，要原原本本地学、仔仔细细地读，下一番真功夫。对于党员干部学习马克思主义经典著作，您有哪些建议？

艾四林：马克思主义理论素养是领导干部的必备素质，是保持政治上清醒坚定的基础和前提。在纪念马克思诞辰200周年大会上，习近平总书记要求，必须不断提高运用马克思主义分析和解决实际问题的能力，不断提高运用科学理论指导我们应对重大挑战、抵御重大风险、克服重大阻力、化解重大矛盾、解决重大问题的能力，以更宽广的视野、更长远的眼光来思考把握未来发展面临的一系列重大问题，不断坚定马克思主义信仰和共产主义理想。

理论学习是加强理论修养的基本方式和关键环节。学习马克思主义理论，最直接、最有效的方法就是"读原著，学原文，悟原理"。人的精力是有限的，读优秀经典，无疑是含金量最高的文化阅读。马克思主义经典著作，蕴含和集中体现着马克思主义基本原理，是马克思主义理论的本源和基础。学习马克思主义经典著作是掌握马克思主义基本理论、树立马克思主义信仰的重要途径。

一是要自觉学，从"要我学"转变为"我要学"。习近平

总书记强调，党的各级领导干部特别是高级干部，要原原本本学习和研读经典著作，努力把马克思主义立场、观点、方法学到手，作为自己的看家本领。这就需要我们深入学、持久学、刻苦学，把读经典、悟原理当作一种生活习惯、一种生活方式、一种精神追求，学出乐趣、学出享受，在学精悟透用好中提升自己。

二是要下苦功夫学。习近平总书记说："有的人马克思主义经典著作没读几本，一知半解就哇啦哇啦发表意见，这是一种不负责任的态度，也有悖于科学精神。"[1]学习和研究这些经典，浮光掠影不行，浅尝辄止不行，必须专心致志地读、原原本本地读、反反复复地读，通过细嚼慢咽去感悟马克思主义经典著作历久弥新的思想价值。

三是要系统地学，不能碎片化阅读，更不能教条主义、实用主义地阅读。要想完整准确把握马克思主义，就要系统地而不是零碎地阅读马克思主义经典著作。当然，教条主义、实用主义地阅读更是要不得的。习近平总书记讲，什么都用马克思主义经典作家的语录来说话，马克思主义经典作家没有说过的就不能说，这不是马克思主义的态度。同时，根据需要找一大堆语录，什么事都说成是马克思、恩格斯当年说过了，生硬"裁剪"活生生的实践发展和创新，这也不是马克思

---

[1] 习近平：《在哲学社会科学工作座谈会上的讲话》，人民出版社2016年版，第12页。

主义的态度。

四是联系实际学。实践性是马克思主义的显著特征，理论联系实际是马克思主义的优良学风。习近平总书记强调，坚持以马克思主义为指导，"最终要落实到怎么用上来"。落实到用上来，就能在实践中感受和理解马克思主义之用。

要把学习研究马克思主义经典著作与深入学习领会新时代党的创新理论贯通起来。百年来，我们党坚持解放思想和实事求是相统一，培元固本和守正创新相统一，不断开辟马克思主义新境界。学好用好马克思主义经典著作，必须以更加宽阔的眼界审视马克思主义在当代发展的现实基础和实践需要，更加深入地推动马克思主义同当代中国发展的具体实际相结合。党员干部要认真学习马克思主义经典著作，从科学理论的历史传承中汲取智慧，增强对新时代党的创新理论的认同，把党的创新理论转化为实践力量，推动党和国家事业从胜利走向新的胜利。

《新闻联播》报道《马克思主义经典文献传播通考》（100卷)出版座谈会举行

19

扎根中国大地，当好学生引路人①

思想政治工作是学校各项工作的生命线。2019年3月18日，习近平总书记在主持召开学校思想政治理论课教师座谈会时明确指出办好思想政治理论课，最根本的是要全面贯彻党的教育方针，解决好培养什么人、怎样培养人、为谁培养人这个根本问题，并对新时代办好思想政治理论课提出重要要求。为全面理解习近平总书记重要讲话精神，本报专访了参与座谈会的清华大学马克思主义学院院长、教育部高校思想政治理论课教学指导委员会委员艾四林教授。

一、思政课教师应该更加自信

记　者：3月18日，习近平总书记主持召开学校思想政治理论课教师座谈会，您受邀参加，有何体会？

艾四林：清华大学马克思主义学院有五位教师参加了这

---

① 《中国纪检监察报》2019年3月26日，访谈记者张树军。

次座谈会。无论是参加座谈的教师，还是其他思想政治理论课一线教师，都深感荣幸。习近平总书记和党中央对思想政治理论课教师作了高度评价，并提出了更高、更新的要求，我们既深受鼓舞，又倍感责任重大。

改革开放以来，思想政治理论课改革和建设不断前行，取得了很多成就，但要继续办好，必须与时俱进、开拓创新。习近平总书记重要讲话实际上系统回答了新时代学校思想政治理论课建设中的几个重大理论和实践课题：怎么看待思想政治理论课的地位？总书记强调，思想政治理论课是落实立德树人根本任务的关键课程。什么样的思想政治理论课教师才是一个好老师？总书记提出了"六个要"；好的思想政治理论课教育教学是什么样的？总书记提出了"八个相统一"。总书记对这些问题的系统回答，为我们进一步推进思想政治理论课改革和建设指明了方向，提供了重要遵循。我们下一步的改革和建设就要站在新的起点上来开展。

习近平总书记和党中央高度重视思政课。参加这次座谈会后，作为思想政治理论课教师，我们感觉更有底气了。站在新时代，扎根中国大地，每一位教师应该更加自信。只有自信，才能迸发出强大的创造性。

二、思想政治理论课要搞好，一定要遵循教育规律

记　者：习近平总书记强调，推动思想政治理论课改革创

新，要不断增强思政课的思想性、理论性和亲和力、针对性。对此您是如何认识的？清华大学的思政课教学在这方面有哪些经验？

艾四林： 思想政治理论课要搞好，一定要遵循教育规律，遵循思想政治理论课教育教学的规律，遵循大学生接受思想政治理论教育的规律。我们面对需求多样的学生、面临错综复杂的情况，思想政治理论课教育教学一定要建立在对这些规律的认识和把握上，不断提升思想政治理论课的科学化水平，这点很重要。

清华大学的思政课教学始终关注现实中的重大问题、关注实践中的重大问题、关注学生的思想状况和困惑，我们将这些问题作为教学的切入点。在课堂上，我们通过师生互动共同解答这些问题，然后再引出结论。比如，每堂课的教学设计中要有一个核心问题去牵引，每堂课都要解决一个问题。如果这堂课没有问题，那为什么还要上呢？我们会把正反问题都列出来，在比较中把问题讲清楚。

增强思政课的亲和力、针对性，必须根据学生的实际情况因材施教。学生专业不一样，需求也有所差异。要站在学生角度，针对不同专业因材施教。清华大学美术学院的学生动手能力强，但文化基础相对弱一点，他们不擅长理论推演，但善于动手。给美院学生讲思政课，就要针对他们的专业特点以及专业学习方式，采取不同的教学模式。比如，我们"中国近现代史纲要"课的老师，就用美术创作来代替写论文。一个美院学生的作业是秋瑾画像。在创作前，他感觉秋瑾作为一个女革命家，形象一定是铮铮铁骨，出生在贫穷家庭。他一直以为穷人吃不饱饭才会起来闹革命。然而，他在查阅资料后发现，秋瑾其实出生在非常殷实的家庭里，而且柔弱美丽。这么一位女性为什么走上革命道路？因为吃不饱饭才革命，显然不符合逻辑。如果革命仅仅是为了自己翻身，秋瑾显然不仅仅是为自己！她是为了别人，为了劳苦大众，革命的正当性自然就得出了。基于此，他画像时就把秋瑾塑造成非常柔美的女性。如此柔美的女性为什么走上了革命路？学生心里形成了一个巨大的疑问，就要搞清楚其中的缘由，最终受到教育。这名学生讲，这是他进入美院后创作的第一件作品，这次创作和红色印记将会伴他一生。这就是我们的思政课实现了入脑入心。

随着科学技术日新月异的发展和世界高等教育变革浪潮迭起，人们的学习方式已经发生了变化，更多借助网络、移动技术，思想政治理论课也应该积极主动迎接变革。几年前，我们就在探索基于慕课的线上线下混合式教学。现在，本科生四门思想政治理论课，都采取这种方式。学期前半段，线上做成慕课，让学生观看、答题和参与讨论；线下组织学生小班讨论。学期后半段，学生进入课堂，进行专题式教学。这种混合型教学方式，适应了青年人学习马克思主义理论的需要，受到学生欢迎，取得了比较好的教学效果。

三、站在为党、国家和人民培养人才的高度来看待自己的职业

记　者: 习近平总书记强调，办好思想政治理论课关键在教师，关键在发挥教师的积极性、主动性、创造性。作为一名长期从事思政课教学的一线教师，对此您有哪些体会?

艾四林: 的确，办好思想政治理论课，要充分调动教师的积极性、主动性，激发教师的创造性。为什么要开思想政治理论课? 有的可能认为，自己就是干这一行的，这是国家要求，是饭碗，是职业。这种站位就低了。我认为，教师不能仅仅从职业角度考虑，还应该从党和国家教育事业发展的高度来审视，站在为党、国家和人民培养人才的高度来看待自己的职业。习近平总书记讲得很清楚，思想政治理论课是落实立德树人根本任务的关键课程，思政课作用不可替代。从这个角度才能激发老师干事业的信心和动力。

一些思政课教学效果不好，不外乎学生想听的东西教师不讲，学生不想听的东西教师拼命讲，结果，教师讲得费劲，学生听得没劲。所以，要解决教什么、学什么的问题。从教师角度讲，应该根据教学大纲和学生需要来安排教学内容，提高教学的针对性。现在，学生的知识需求发生了很大变化，若是依然固守过去的教学方式与内容，不管学生是否需要、是

否喜欢，效果就可能不好。教师要研究学生需求，研究学生乐于接受的教学方式，更好解决教与学的矛盾。

四、讲得清、听得懂、记得住、用得上

记　者：结合总书记的讲话精神，您认为如何才能把伟大复兴中国梦和习近平新时代中国特色社会主义思想讲好、讲活？

艾四林：思想政治理论课教育教学要使内容不断丰富、完善，其中很重要的一个方面就是要将党的创新理论融会贯通，特别是将习近平新时代中国特色社会主义思想及时融入教学，用习近平新时代中国特色社会主义思想武装学生头脑。

一是讲得清。教师首先要自己认真学、系统学，学深学透习近平新时代中国特色社会主义思想。这几年我们承担了大量的有关习近平新时代中国特色社会主义思想研究的课题，很多老师都在做深入研究。对创新理论，我们要系统研究掌握，而不是零零碎碎，不能只讲一点不及其余，必须融会贯通。只有这样，课堂上才能讲得清、讲得彻底。有时候我们理论上不能服人，就是因为讲得不彻底、不清楚、不明白。教师首先要克服这一点。

二是听得懂。这要求教师研究要深入、讲课要浅出。反过来就不行。用通俗易懂的语言讲，用鲜活的事例讲，用生动

的案例讲，这样才能把创新理论讲活。有的课效果不好，就是因为讲得太刻板，把中国特色社会主义建设的生动实践讲得干巴巴的，没有生机、活力，学生听完一头雾水。这样自然达不到教学目的。

三是记得住。教师讲完了，学生如何才能记得住？这就要抓住学生的兴奋点，抓住难点和痛点，让学生感觉能够记得住，而不是靠死记硬背。这一点考验老师的教学功夫。

四是用得上。我们经常讲真学、真懂、真信，最后要落实到真用上。学习理论是要用的，学生学习创新理论是用来武装头脑、解决实际问题的。所以，思想政治理论课一定要注意培养学生分析、解决问题的能力。习近平新时代中国特色社会主义思想是一种科学的思想武器，学生掌握了它将受益终身。我们讲党的创新理论，就是要用习近平新时代中国特色社会主义思想铸魂育人，引导学生增强"四个自信"，厚植爱国主义情怀，把爱国情、强国志、报国行自觉融入坚持和发展中国特色社会主义事业、建设社会主义现代化强国、实现中华民族伟大复兴中国梦的奋斗之中。

在这四个方面努力，我们的思想政治理论课就会让学生真心喜欢、乐于学习、终身受益，有更大的获得感，就会成为学生口口相传的名课、金课。只有这样，我们才能不负总书记的殷切嘱托，思想政治理论课教师也才能真正实现人生价值。

2019年3月18日，参加习近平总书记主持召开的学校思想政治理论课教师座谈会

后　记

在几十年的教学科研生涯中，接受了一些媒体的采访和访谈。在这一过程中，深感作为一名高校教师，在做好教学科研的同时，也应做好社会服务，做到教学科研和服务社会相长。特别是思想政治理论课教师，更应发挥学科特点和优势，用好各种媒体平台，在推进马克思主义大众化方面发挥更大的作用。

这本访谈录，收录了新时代以来对我的19篇访谈，内容涉及中国式现代化、共同富裕等重大理论问题。除了少量的文字修订和内容的增减以及格式调整，基本保持了访谈的原貌。十分感谢媒体主持人和记者，正是你们的精彩提问，激发了我的思考，你们的专业素质和敬业精神令我感动，虽在文中标注了你们的名字，但也不足以表达我的感激之情。博士生李函珂做了一些编辑整理工作。研究出版社社长赵卜慧和编辑寇颖丹为本书出版做了大量工作。在此，一并表示感谢。

艾四林

2023年9月10日教师节于清华善斋

图书在版编目 (CIP) 数据

中国式现代化与共同富裕：艾四林访谈录 / 艾四林等
著. -- 北京：研究出版社，2023.10
ISBN 978-7-5199-1581-0

Ⅰ. ①中⋯ Ⅱ. ①艾⋯ Ⅲ. ①现代化建设 – 中国 – 文
当集②共同富裕 – 中国 – 文集 Ⅳ. ①D61-53②F124.7-53

中国国家版本馆CIP数据核字(2023)第175958号

出 品 人：赵卜慧
出版统筹：丁 波
责任编辑：寇颖丹

中国式现代化与共同富裕

ZHONGGUOSHI XIANDAIHUA YU GONGTONG FUYU

艾四林访谈录

艾四林 等 著

研究出版社 出版发行

（100006 北京市东城区灯市口大街100号华腾商务楼）
北京新华印刷有限公司印刷 新华书店经销
2023年10月第1版 2023年10月第1次印刷
开本：710毫米×1000毫米 1/16 印张：12.75
字数：117千字
ISBN 978-7-5199-1581-0 定价：65.00元
电话（010）64217619 64217652（发行部）